W0359320

Allgäuer Käse-Kochbuch

Ortwin Adam

Allgäuer Käse-Kochbuch

Franz Brack Verlag, Altusried

Titelfoto: Georg Dodier
Illustrationen: Heinz Schubert

ISBN 3-930323-18-4
1. Auflage
Alle Rechte vorbehalten
© 1998 Franz Brack Verlag
Zugspitzstraße 2a, 87452 Altusried

Inhaltsübersicht

Zum Geleit

Beeindruckend am Allgäu ist nicht nur die Schönheit der Landschaft und der Reiz der imposanten Gebirgskulisse. Der Allgäu-Kenner schätzt auch die Vielfalt der einheimischen kulinarischen Genüsse. Unsere Gäste folgen gern dem Rat Goethes, der in seiner Geschichte den Reinecke Fuchs zum angetrauten Weibe sagen ließ: „Laß uns nach Schwaben (Allgäu) entfliehen! Es findet süße Speise sich da und alles Guten die Fülle...man bäckt im Lande das Brot mit Butter und Eiern...klar und rein ist das Wasser, die Luft ist heiter und lieblich...ja, Weibchen, wollen wir endlich Frieden genießen, so müssen wir dort hin."
Hätte Goethe gewußt, daß ab 1830 die große Alpkäserei begann, dann wäre die Geschichte wahrscheinlich anders geschrieben worden: mit Bergkäs oder Allgäuer Emmentaler. Vielleicht hätte Carl Hirnbein, der Allgäuer „Notwender" und Begründer der Milchwirtschaft im Allgäu, mehr Werbung machen müssen.
Das hätte ihm gut gestanden, dem Allgäuer Käs. Letztlich ist es ja die Milchwirtschaft, die diese Region jetzt

prägt. Als gelernter Käser liegt mir natürlich besonders viel daran, daß wir eines unserer allerbesten Allgäuer Produkte ein bißchen mehr hervorheben. Gerade auch, weil man mit Käse so viel machen kann, hat er's schon verdient.
Es ist kein Zufall, daß der Autor dieses ersten Allgäuer Käsekochbuches der Küchenmeister Ortwin Adam ist. Unlängst trafen wir bei einem Fernsehauftritt zusammen, und im Laufe eines Gesprächs wurde aus der Idee das Projekt. Ortwin Adam hat mehrere Kochbücher verfaßt und wurde bereits 1976 von der CMA mit dem Titel „Deutscher Käsemeisterkoch 1976" ausgezeichnet, wegen seiner ideenreichen Verarbeitung des Käses.
Sie halten den Schlüssel zum höchsten Genuß in Händen, liebe(r) Käsefreund(in), und gleichzeitig den Schlüssel zum Allgäu. Schon bei der Lektüre wird Ihnen das Wasser im Munde zusammenlaufen, und Sie werden ans Allgäu denken. Mit kleinen Beiträgen und geschichtlichem Hintergrund rund um den Käse kann man auch noch gut dazulernen.
Herrn Adam sage ich ein herzliches „Vergelt's Gott" für seinen Idealismus und sein ungebrochenes Engagement, dessen Ergebnis nun vorliegt. Ihnen, lieber Leser, wünsche ich ein gutes Gelingen beim Nachkochen und Ausprobieren, und beim Essen dann „an Guete".

Gebhard Kaiser
Landrat

Käsekultur aus dem Allgäu

„Käse aus dem Allgäu“ - bei diesem Satz läuft nicht nur den Einheimischen das Wasser im Mund zusammen. In den letzten Jahrzehnten hat sich der Allgäuer Käse auch weit über die Grenzen Bayerns einen hervorragenden Namen gemacht, ja selbst in den Käsehochburgen wie Frankreich und Italien findet diese Allgäuer Spezialität seine Fans und Abnehmer. Emmentaler, Bergkäse, Romadur und Weißlacker schmecken nach Urlaub und erinnern nach unbeschwerten Ferien im schönen Allgäu. Die reizvolle Landschaft dieser Gegend ist es auch, welche eine einmalige Harmonie ausstrahlt und ein reiches Ausmaß an Freizeitangeboten, kulturelle Schätze und andere Sehenswürdigkeiten bietet. Diese Anziehungskraft beruht hauptsächlich auf die weitgehend unverfälschte Naturlandschaft. Blumenübersäte Wiesen, saftige Weiden, schöne Alpen und klare Bäche sind Bestandteil dieser Bilderbuchlandschaft. Diese Kultur-

landschaft liefert auch den „König der Käse", den Allgäuer Emmentaler. Wer ins Allgäu kommt, aber auch die Einheimischen, sollten immer daran denken, daß dieser Landstrich ohne die grasenden Kühe nicht denkbar wäre. Das Land würde zum Brachland werden, die reizvolle Abwechslung von Feldern, Wiesen und Weiden wäre zerstört. Die Bauern und Landwirte haben einen erheblichen Anteil daran, daß die Urlauber eine intakte Landschaft und ein Ferienparadies vorfinden. Mit diesem Buch habe ich mir zum Ziel gesetzt, die wahren Landschaftspfleger, nämlich die Bauern und Landwirte, in einer Art und Weise zu unterstützen, daß die Schar der Allgäuer Käseliebhaber nochmals vergrößert wird. Auch die Gastwirte, Hoteliers und Küchenchefs möchte ich dazu auffordern, noch mehr dieser vorzüglichen Käsesorten für die regionale und internationale Küche bzw. deren Gerichte und Spezialitäten zu verwenden.
Allgäuer Käse kann unsere täglichen Mahlzeiten vielfältig bereichern. Käse ist nicht nur ein Brotaufstrich oder als Brotbelag gedacht. Der Phantasie sind hier keine Grenzen gesetzt. Ob Vorspeise - Suppe - Salate - Zwischengerichte - Hauptspeisen - Süßspeisen - Nachtisch - warme Käsegerichte, überall ist dieses wundersame Lebensmittel einsetzbar. Schon die Griechen und Römer, aber auch die Germanen waren hervorragende Käseköche. So weit brauchen wir aber gar nicht zurückblicken, sondern schauen wir uns einmal nur in unseren Nachbarländern um, denn die Schweizer und Franzosen sind wahre Meister in der Käsekochkunst und im Herstellen von warmen Käsegerichten. Wie gesagt, auch der Allgäuer Käse kann vielfältigst verwendet werden, und es müssen nicht immer die Kässpatzen sein.

Wie jedermann weiß, ist Käse ein unverfälschtes Naturprodukt, hat einen hohen Nährwert und ist außerordentlich gesund.
Mein Wunsch ist es, daß mehr Käsegerichte aus Allgäuer Käsesorten auf unseren Speisekarten stehen würden, ja vielleicht sogar eine eigene Allgäuer-Käse-Speisekarte könnte in den Restaurants und Hotels aufgelegt werden. Auch dies wäre ein wertvoller, und von den Gästen geschätzter Beitrag zur Erhaltung dieser wundervollen Kulturlandschaft. Wenn dieses Buch einen Teil dazu beiträgt, dann war meine Arbeit nicht umsonst.
Beim Zubereiten der Käsegerichte wünsche ich Ihnen ein gutes Gelingen und Ihren Gästen „an Guete“.

Ihr

- Historisches - Rund um den Allgäuer Käse

Die Geschichte des Allgäuer Käses ist noch nicht so alt, wie vielfach angenommen wird. Erst um 1820 kamen einige Schweizer Sennen ins Allgäu. Bis zu diesem Zeitpunkt wurde Magerkäse hergestellt. Die Schweizer machten aus ihrer Fettkäserei ein großes Geheimnis und wollten nichts verraten. Die Allgäuer, schon damals ein kluges und rühriges Völklein, kamen aber so nach und nach hinter das Schweizer Geheimnis. Ab 1840 gab es in den größeren Ortschaften auch „Winterkäsereien" (im Tal) und „Sommerkäsereien" auf den Alpen. Es kann also behauptet werden, daß die Wiege der Allgäuer Käsekunst in der Schweiz stand. Der Vater des Allgäuer Emmentalers und des Allgäuer Bergkäses ist nämlich

der Bergkäse aus dem Tal der Emme (Schweizer Kanton Bern), deshalb auch der Name Emmentaler. Ursprünglich war dieser „König der Bergkäse“ ein reiner Bergkäse, d. h. er wurde nur in den Sommermonaten auf der Alpe (hoch droben auf dem Berg) in primitiven Hütten unter einfachsten Bedingungen händisch hergestellt. Bis in das 16. Jh. wog der Emmentaler nur 4 bis 12 kg. Erst als diese Käse exportiert wurden, gab man ihm die Größe eines Mühlsteins, welcher bis zu 130 kg wog. Die große Nachfrage zwang die Alpkäsereien dazu, ihre Produktion auch ins Tal zu verlegen. Seit dem spricht man auch von einer „Winterkäserei“ und einer „Sommerkäserei“. Ab dieser Zeit gibt es aber auch einen echten Bergkäse und einen „Talkäse“, sowie eine Alpkäserei und eine Dorfkäserei. Die geschmacklichen Unterschiede zwischen dem echten Bergkäse und dem „Tal-Bergkäse“ soll so gravierend nicht gewesen sein, denn die „auswärtigen“ Käufer haben es angeblich nicht bemerkt. Dies ist wohl bis heute so geblieben. Der heimische Käsefachmann weiß aber sehr genau, daß jeder auf der Alp hergestellte Bergkäse ein Unikat ist. Dies hängt vom Futter der Weide und deren Kräuter, und selbstverständlich auch von der individuellen Käsekunst des Senners ab. 1821 wurde der erste Allgäuer Emmentaler von Aurel Stadler in Weiler aus dem Salzbad gehoben. 1827 wird auch in Blaichach der erste Emmentaler produziert. 1830 begann die große Zeit der „Rund- und Fettkäserei“. Diese Milch- und Käsewirtschaft trug wesentlich zum Wohlstand der Allgäuer Bevölkerung bei. Vor dieser Zeit gab es aber schon die kleinen Ziegen- und Schafskäse. Romadur und Limburger wird seit 1830 in Deutschland, hauptsächlich im Allgäu hergestellt.

Wissenswertes über die Allgäuer Käseherstellung

Die Alpkäserei ist eine aussterbende Kunst, wenn wir diese nicht noch mehr unterstützen als bisher. Diese Käse-Kunst wird nur noch von wenigen beherrscht. Für den Gast, aber auch für so manchen Einheimischen, welche von dieser harten Arbeit oft sehr wenig wissen, sieht alles sehr romantisch aus, aber die primitiven Voraussetzungen auf der Alp und die kurze Vegetationszeit erschweren das Ganze. Für den Senn ist das alles knochenharte Arbeit, manchmal bis spät in die Nacht hinein, womöglich noch mit einer „Petroleumfunzel“ als Lichtquelle. Da bleibt die Romantik sicher auf der Strecke.
Der Käse kann nur so gut werden, wie die Milch es erlaubt, deren Qualität hängt wiederum von den würzigen Gräsern und Kräutern ab. Das Futter muß ohne künstlichen Dünger sein. Ein „Silagefutter“ ist nicht erlaubt. Wenn das Ausgangsprodukt gut ist, dann spielt natürlich das Können des Käsers und dessen saubere Arbeitsweise die größte Rolle, um einen Spitzenbergkäse zu bekommen. Man kann nur immer wieder sagen: Jeder Bergkäse ist einmalig, eben ein Unikat.

Iß nicht soviel, wie du kannst,
gib nicht soviel, wie du hast,
und sag nicht soviel, wie du weißt.

Die Emmentalerherstellung

Emmentaler wird stets aus Rohmilch hergestellt. Für einen Laib Käse von 75 kg braucht der Senn 1000 kg Milch. Dies ist die Tagesleistung von 70 Milchkühen. Die Milch darf nur von Kühen stammen, welche nicht mit Silagefutter gefüttert werden, auch künstlicher Dünger ist verpönt. An das Grünfutter sind außerdem noch bestimmte Qualitätsansprüche gestellt. Die Emmentalerherstellung ist nur in naturbegünstigten Gebieten sinnvoll, und das Allgäu sowie die Schweiz sind solche vom Herrgott privilegierten Naturlandschaften.
Die „käsereitaugliche" Milch (bestimmte Qualitätsvoraussetzungen wie Reinheit, Zusammensetzung, Fettgehalt, Eiweiß, niedriger Anteil an Säure usw.) kommt in den Käsekessel, wird auf einen Fettgehalt von 3 % „eingestellt" und danach auf 30 - 32° C erwärmt.
Jetzt wird das Lab beigegeben. In 20 - 30 Minuten entsteht der sogenannte Bruch (d. h. die dickgelegte Milch ist geronnen).
Der Bruch wird mit der Käseharfe geschnitten und ca. 1 Std. lang immer wieder zerkleinert. Nun wird ungefähr eine Stunde lang unter Rühren auf 51° C erwärmt. Diesen Vorgang nennt der Käser „Brennen". Das Bruchkorn wird dabei fester. Der Käsebruch wird nun in die Holzformen (Ringe) gegeben und gepreßt, dabei läuft die Molke ab. Der junge Emmentaler kommt in ein Salzbad, zur Förderung der Rindenbildung und damit er haltbar wird.
Jetzt geht es ab in den Gärkeller zur „Vorgärung", bei etwas höherer Temperatur.

Zum Schluß kommt der Käse in den kühleren Reiferaum. Der Emmentaler muß dort mindestens 3 Monate reifen.

Wie kommen die Löcher in den Käse?

Allgäuer Emmentaler ist ein Labkäse. Während der Reifung der Käsemasse entstehen Gär-Gase, diese können nicht entweichen und so entstehen Blasen bzw. Löcher. Je höher die Reifetemperatur im Gärkeller, umso größer werden die Löcher.

Der Bergkäse

Wird im Prinzip wie der Emmentaler hergestellt, also aus Rohmilch (der Abendmilch und der Morgenmilch). Der Bergkäse ist kleiner als der Emmentaler, reift aber in kühleren Gärkellern und hat deshalb kleinere, aber auch weniger Löcher. Der Geschmack ist kräftiger und hängt auch von der Reifedauer ab. Auch der Bergkäse muß mindestens 3 Monate reifen, aber besser schmeckt er, wenn die Reife 2 - 3 Monate länger anhält. Ein Laib wiegt ca. 30 kg.

Romadur und Limburger

Romadur, Limburger und Weißlacker sind enge Verwandte. Diese stangenförmigen Käse gehören zu den Weichkäsen, haben keine Rinde, sondern sind von einer sogenannten Rotschmiere überzogen. Diese Rotschmiere entsteht durch die Behandlung des Käses mit „Bacterium linens", einer schmierenbildenden Mikrobenkultur. Die Rotschmiere wird vor dem Verzehr des Käses abgeschabt.
Beide Sorten schmecken kräftig bis pikant und duften durchdringend. Ein Romadur wiegt ca. 150 g, ein großer Limburger 500 - 560 g. Ein Kleinlimburger bis 270 g. Diese Käse brauchen je nach Größe ca. 2 - 4 Wochen zum Reifen.
Der große Limburger wird wegen seiner Form auch Backsteinkäse genannt.
Der Limburger hat seinen Namen von der belgischen Stadt und Provinz Limburg bei Lüttich. Seit ca. 1830 wird dieser Käse auch im Allgäu hergestellt.
Woher der Romadur seinen Namen hat, ist bis heute noch nicht genau festgestellt worden. Einige Käsehistoriker glauben zu wissen, daß der Romadur etwas mit der französischen Bezeichnung „remoudre" (nachmelken) zu tun hat. Andere Käsewissenschaftler vermuten, daß diese Käsebezeichnung von dem spanischen Schafskäse „Ramadon" abstammt.

Wer gut essen will,
soll den Koch nicht beleidigen.

Der Weißlacker

Benannt ist dieser halbfeste Schnittkäse nach seiner weißgelblichen Oberfläche, welche eine lackartige Schmiere aufweist. Der Weißlacker schmeckt sehr pikant und hat einen sehr hohen Salzgehalt (7 %). Durch seine lange Reife verfügt er über einen durchdringenden Duft. Dieser Käse war, und ist es vielleicht noch, bei den Wirten sehr beliebt, weil er den Durst der Gäste steigert. Man sagt auch: „Wer ein Zugabteil für sich alleine haben will, sollte eine Weißlackerbrotzeit auspacken. Dieser Käse wird von Hand hergestellt. Die Bruchkörner müssen walnußgroß sein. Der Bruch wird in Holzkästchen gefüllt, danach in Würfel geschnitten, welche in den Formkästen reifen müssen. Die Reifung dauert 10 (zehn!) Monate. Ein reifer Weißlacker ist zart, geschmeidig und schnittfest.
Über die Erfindung des Weißlackers werden verschiedene Geschichten erzählt. Die eine Möglichkeit ist die, daß die Gebrüder Anton und Josef Kramer 1874 in Wertach/Allgäu diese Käsesorte systematisch entwikkelt hätten. Es wird aber auch berichtet, die Kramers hätten mißratene, zu salzige Limburger im Keller vergessen. Nach 10 Monaten war der Käse mit einer Lackschicht überzogen. Es gelang den Brüdern, diesen Käse einem Käsehändler anzudrehen, der damit einen unglaublichen Erfolg gehabt haben soll.
Als Josef Kramer 1908 starb, war er ein wohlhabender Mann. Die Wirte sollten angeblich an seinem Grab geschworen haben, immer an ihn zu denken (wegen des Bierumsatzes?).

Was ist Zieger?

Unter Zieger, auch Ziger genannt, wird im allgemeinen die frische Masse, welche beim Erhitzen von frischer Molke sich abscheidet, bezeichnet. Es ist eine streichbare, krümelige, weiche Masse, die weiß oder cremiggelb ist. Zieger kann aber auch aus Milch oder Milch-Molkemischung gewonnen werden. Diese Art von Zieger nennt man Molkezieger, Milchzieger oder Mischzieger. In anderen Gegenden ist der Zieger auch als Molkeneiweißkäse oder als Albuminkäse bekannt.

Wie geht man mit Käse um?

Einkauf und Aufbewahrung (Tips für den Haushalt)
Käse ist ein lebendes Produkt, dies sollte stets bedacht werden. Beim Einkauf, der Lagerung und dem Verzehr sollten einige wichtige Regeln beachtet werden.

Kaufen Sie Käse stets bei einem „Fachmann“, welcher Sie auch fachgerecht beraten kann. Er wird Ihnen etwas von Reifegrad, Teigqualität, reines Aroma und über eine gepflegte Rinde erzählen können.

Was wird Ihnen der ehrliche Käsefachmann raten?
Kaufen Sie nicht zuviel Käse auf einmal, sondern nur für 3 - 4 Tage!

Nehmen Sie, wenn es irgendwie geht, Käse am Stück, denn dünne Scheiben lassen sich nicht so gut aufbewahren.

Lagerung bzw. Aufbewahrung
Feste Käse sollten nicht in den Kühlschrank, weil sie darin nicht atmen können. Wenn kein geeigneter Keller oder keine Speisekammer vorhanden ist, dann sollte dieser Käse unter einer Käseglocke aufbewahrt werden.

Weichere Käsesorten und Frischkäse, welche verpackt sind, können im Gemüsefach des Kühlschranks gelagert werden, wenn die Aufbewahrungszeit 3 - 4 Tage nicht übersteigt.

Feste angeschnittene Käse zu lagern bedeutet: Die Schnittfläche ist gegen Austrocknung zu schützen, in-

dem der Käse umhüllt wird, aber so, daß er noch atmen kann. Feuchte Tücher, welche mit Salzwasser oder Weißwein getränkt werden, sind dafür geeignet. Diese Tücher sind jeden Tag einmal feucht zu machen.
Käse mit Innenschimmel können in Alufolie verpackt werden.

Weichkäse werden in Pergamentpapier oder in ein feuchtes Tuch eingewickelt.

Käse soll nicht tiefgefroren werden, er ist danach nicht mehr schnittfähig und verliert zuviel an Qualität.

1 Stunde vor dem Verzehr soll gekühlter Käse auf jeden Fall aus dem Kühlschrank genommen werden, erst dann entwickelt er seinen vollen Geschmack.

Wann soll welcher Käse auf den Tisch?
Welcher Käse wann gegessen werden soll, ist natürlich auch Geschmacksache jedes einzelnen, aber es gibt auch ein paar allgemeine Grundregeln.

Zum Frühstück wäre milder Käse am besten geeignet, denn der Gaumen ist um diese Tageszeit noch besonders empfindlich. Zu empfehlen wäre: Speisequark, Doppelrahm-Frischkäse, Schmelzkäse, Butterkäse etc.

Mittags sind warme Käsegerichte mit Emmentaler, Bergkäse oder überbackene Käsespezialitäten angebracht. Abends können dann schon die pikanten Sorten serviert werden.

Abkürzungen - Zeichen - Mengen

Die meisten Rezepte sind für 4 Personen, aber viele Mengenangaben sind wiederum aus größeren oder kleineren Haushalten von mir übernommen worden. Damit Sie aber wissen, wieviel Sie nehmen sollen, beachten Sie einfach folgende Grundregeln:
Für „dicke" (gebundene) Suppen reicht für 4 Personen 1 l „Aufguß", 50 g Mehl und 50 g Fett (meist Butter).
Bei „Teigwaren" und „Schmalzgebackenem" nimmt man 50 g Mehl für Beilagen, 80-100 g Mehl als Hauptspeise, für Nachtisch ca. 50 g Mehl pro Person.
Bei Fleisch nimmt man pro Person ca. 150-200 g ohne Knochen, 250-300 g mit Knochen.
Für Pfannkuchen 80-100 g Mehl als Hauptspeise und 50g Mehl als Nachtisch.

Abkürzungen:
1 Pr. = 1 Prise, 1 EL = 1 Eßlöffel, 1 TL = 1 Teelöffel, 1 St. = 1 Stück, 1 Std. = 1 Stunde, 1 Min. = 1 Minute, 1 dl = 1 Deziliter (=1/10 l), 1 Bd. = 1 Bund, 1 l = 1 Liter, 1 Msp. = 1 Messerspitze.

Kalte Käsegerichte
(als Vor- oder Hauptspeise)

„Lumpensuppe“

Zutaten:
200 g Romadur, 150 g weißer Preßsack, 3 mittlere Zwiebeln (Ringe), 1 EL Öl, ¼ l Essig, ½ l kalte fettlose Fleischbrühe, Salz, Pfeffer, Kümmel, gehackte Petersilie, Radieschen (Scheibchen).

Zubereiten:
Die Rotschmiere vom Romadur mit dem Messerrücken von allen Seiten leicht abschaben.

Den Käse der Länge nach halbieren und in Scheibchen schneiden.

Den Preßsack auch in gleich große Scheibchen schneiden, wie den Käse.

Die kalte, vorher entfettete Rindfleischbrühe, mit dem Essig, den Gewürzen, der Petersilie und dem Öl gut vermengen (mit Schneebesen kurz schlagen).

Käse, Preßsack, Gewürze und die Essig-Öl-Marinade gut miteinander vermengen und ½ Std. ziehen lassen.

In Suppentellern anrichten, mit den Zwiebelringen und den Radieschenscheiben garnieren.

Zum Schluß mit der Salatmarinade übergießen, so daß das Ganze zu einer „Lumpensuppe“ wird.

Dazu passen: frisches Laugenbrot oder Brezen, aber auch Roggenbrötle mit Griebenschmalz.

Gut essen ist praktische Agrarpolitik.

„Weißlacker-Hochzeit“

Zutaten:

150 g Weißlacker, 150 g Topfen (oder Magerquark), 40 g weiche Butter, 1 Romadur, 3 EL Schnittlauch (fein geschnitten), Pfeffer, Salz, 1 EL Zwiebeln (feine Würfel).

Zubereiten:

Weißlacker und Romadur in ca. 1 cm große Würfel schneiden.

Butter schaumig rühren, Salz, Pfeffer und den Topfen daruntermengen.

Zwiebeln und die Hälfte des Schnittlauchs dazugeben.

Den würfelig geschnittenen Käse unterheben.

Das Ganze pyramidenförmig anrichten und mit dem restlichen Schnittlauch bestreuen.

Dazu paßt: Holzofenbrot und ein gutgekühltes Allgäuer Bier.

Deftiger Käse-Wurstsalat

Zutaten:
250 g Romadur, 250 g Fleischwurst (Lyoner oder Schübling), 3 EL fertige Remouladensoße, 2 EL Sauerrahm, 2 EL Joghurt natur, ½ EL Senf, 2 EL Essiggurkenfond, 2 Gewürzgurken, 4 EL Schnittlauch (fein geschnitten), 1 Zwiebel in Ringe und 1 Zwiebel in Würfel geschnitten, etwas Kümmel, Paprika edelsüß, Salz, Pfeffer.

Zubereiten:
Die Wurst enthäuten, der Länge nach halbieren und in Scheibchen schneiden.

Vom Romadur die Rotschmiere entfernen (mit dem Messerrücken abschaben) und in Würfel schneiden.

Wurst und Käse miteinander vermengen.

Sauerrahm, Joghurt, Remouladensoße, Senf, Essiggurkenfond zu einer glatten Soße rühren.

Gewürzgurken klein schneiden und mit den gewürfelten Zwiebeln, sowie dem Salz und Pfeffer unter die Soße rühren.

Die fertige Soße mit dem Käse und der Wurst vermengen und ca. ½ Std. ziehen lassen.

Den Salat in einer Schüssel anrichten, mit den in Paprika getauchten Zwiebelringen, Schnittlauch und evtl. Feldsalatblättern garnieren.

Dazu paßt: Laugenbreze und ein kühles Bier.

Liptauer Käse

Zutaten:
200 g Topfen oder Magerquark, 2 EL Sahne, 1 TL Senf, 1 gehacktes Sardellenfilet, 60 g feingeriebener Emmentaler, 50 g Romadur (in Würfel), 1 Zwiebel (Würfel), 50 g weiche Butter, 1 TL Paprikapulver edelsüß, 1 EL gehackte Petersilie, 1 EL feingeschnittenen Schnittlauch, Salz, Pfeffer.

Zubereiten:
Die Butter schaumig rühren, den Quark daruntergeben. Nochmals mit der Sahne und dem Senf glattrühren.

Alle anderen Zutaten daruntermengen und ca. 1 Std. durchziehen lassen.

Dazu paßt: Bauernbrot und ein gekühltes Bier.

Radieschen-Quark mit Weißlacker

Zutaten:
250 g Quark, 2 EL Sauerrahm, 50 g Weißlacker (in kleine Würfelchen geschnitten), Salz, Pfeffer, 1 TL Paprika edelsüß, 1 Bund Radieschen (in Scheibchen geschnitten).

Zubereiten:
Den Quark mit dem Sauerrahm, etwas Salz, Pfeffer und dem Paprikapulver glattrühren.

Den gewürfelten Weißlacker darunterheben.

Diese Käsespeise quadratisch oder rund formen und mit den Radieschenscheibchen schuppenartig belegen.

Saurer Käs

Zutaten:
400 g Backsteinkäs, ½ Tasse lauwarmes Wasser, 1 EL Essig, 3 EL Öl, Salz, Pfeffer, wenig Kümmel.

Zubereiten:
Das Äußere vom Käse leicht abschaben.

Den Backsteinkäse in Scheiben schneiden.

Aus dem Wasser, Essig, Öl, Salz, Pfeffer und Kümmel eine Salatmarinade herstellen.

Die Käsescheiben einlegen und ziehen lassen.

Im Suppenteller anrichten und mit Zwiebelringen und Radieschenscheiben garnieren.

Dazu gibt man Bauernbrot und Butter.

Bunter Käse-Nudel-Salat

Zutaten:
120 g Spinatnudeln (grüne Bandnudeln), 150 g Bergkäse, 100 g Schübling (oder Lyoner Wurst), 1 Zwiebel, 4 EL Öl, 2 EL Essig, jeweils ½ rote, gelbe und grüne Paprikaschote, ½ Knoblauchzehe, Salz, Pfeffer, wenig Majoran und Thymian.

Vorbereiten:
Käse, Wurst, Paprika und Zwiebeln in Streifen schneiden. Den Knoblauch fein zerdrücken.

Die Nudeln in viel Salzwasser ca. 12 Minuten „bißfest" kochen und gleich danach im kalten Wasser „abschrecken".

Fertigstellen:
Käse, Wurst, Nudeln, Zwiebeln, Paprika, Salz, Pfeffer, Essig, Öl, Knoblauch und Kräuter miteinander vermengen.

Das Ganze ca. 1 Std. zugedeckt ziehen lassen.

Den Salat in einer Schüssel anrichten, mit kleinen Salatblättern (Feldsalat?) und Zwiebelringen garnieren.

Dazu paßt: selbstgebackenes Vollkornbrot und ein Südtiroler Rotwein.

Wenn das Essen nichts taugt,
wird's vom Salzen nicht besser.

Sellerie-Käsesalat

Zutaten:
½ Knollensellerie, 2 Äpfel, 150 g Emmentaler, 120 g Mayonnaise, Zitronensaft, 4 EL Sauerrahm, 10 St. grob gehackte Walnüsse, 2 gekochte Kartoffeln (in Würfel), Brunnenkresse zum Garnieren.

Zubereiten:
Sellerie schälen, in 1 cm Würfel schneiden, in Salzwasser (mit etwas Zitronensaft) kochen, danach abschrecken.

Den gekochten Sellerie zum Abtropfen auf ein Sieb geben und abkühlen lassen.

Die Äpfel schälen, in 1 cm Würfel schneiden und sofort mit etwas Zitronensaft vermengen.

Den Käse in 1 cm Würfel schneiden.

Sellerie, Äpfel, Käse und Kartoffeln miteinander vermengen und mit Salz und Pfeffer leicht würzen.

Mayonnaise und Sauerrahm darunterrühren.

Den Salat ½ Std. ziehen lassen, danach in einer Schüssel anrichten, mit den gehackten Walnüssen und Brunnenkresse garnieren.

Dazu paßt: In Butter geröstete Weißbrotschnitten.

Wer früh aufsteht, sein Gut verzehrt,
wer lange schläft, den Gott ernährt.

Pikant eingelegter Weißlacker

Zutaten:
400 g Weißlacker, 10 zerdrückte Wacholderbeeren, 1 TL zerdrückte schwarze Pfefferkörner, 1 Zweig Rosmarin, 1 Zweig Estragon, 3 Lorbeerblätter, 2 Knoblauchzehen, ca. ½ l Walnußöl (oder gutes Olivenöl), 2 eingelegte rote und grüne Paprikaschoten.

Zubereiten:
Den Käse und die Paprika in beliebig große Stücke schneiden. Knoblauch schälen, aber ganz lassen.

Die Käsestücke abwechselnd mit den Kräutern, Gewürzen, Paprikaschoten und dem Knoblauch in ein Glas mit breiter Öffnung einschichten.

Das Öl darübergießen, so daß dieses ca. 1 cm über dem Käse ist.

Das Glas mit Einmachcellophan gut verschließen und in einen kühlen Raum stellen.

Der Käse kann nach 48 Std. verzehrt werden, hält aber bei kühler Lagerung ca. 4 Wochen.

Die Entdeckung einer neuen Speise
ist für die Menschheit wertvoller
als die Entdeckung eines neuen Sterns.

Lauch-Wurst-Salat mit Bergkäse

Zutaten:
200 g jungen Lauch, 100 g Bergkäse, 100 g Fleischwurst, 1 EL Senf, 1 TL frischer geriebener Meerrettich, 2 EL Kräuteressig, 4 EL Öl, Salz, Pfeffer, Tomaten und Kopfsalatblätter zum Garnieren.

Zubereiten:
Lauch putzen, der Länge nach halbieren, gründlich waschen und in ca. 3-4 cm lange Streifen schneiden.

Käse und Wurst auch in ca. 3-4 cm lange Streifen schneiden.

Aus Essig, Öl, Meerrettich, Senf, Salz und Pfeffer eine Salatsoße herstellen.

Die Salatzutaten mit der Soße vermengen.

Das Ganze auf Salatblättern anrichten und mit Tomatenstreifen garnieren.

Dazu paßt Vollkornbrot.

Früher hat ein Mann eine Frau bekommen,
die kochen konnte wie seine Mutter.
Jetzt bekommt er eine Frau,
die trinken kann wie sein Vater.

Salat-soßen

Salatsoße mit Emmentaler

Zutaten:
3 EL Sauerrahm, 5 EL Joghurt, 50 g feingeriebener, trockener Emmentaler oder Bergkäse, 1 Sardellenfilet fein gehackt, ½ zerdrückte Knoblauchzehe, 2 EL Weißweinessig, evtl. etwas Salz und Pfeffer zum Nachwürzen.

Zubereiten:
Sauerrahm, Joghurt und den geriebenen Käse miteinander glattrühren.

Alle anderen Zutaten beigeben und nochmals kräftig rühren.

Geeignet für alle Blattsalate.

Salatsoße mit Ziegenkäse

Zutaten:
80 g Ziegenfrischkäse, 50 g Joghurt, 2 EL Essig, 4 EL Öl, 5 frische Basilikumblätter (fein gehackt), Salz, Pfeffer.

Zubereiten:
Den Käse durch ein Sieb streichen und mit dem Joghurt glattrühren.

Den Essig unterrühren, mit etwas Salz, Pfeffer aus der Mühle und dem Basilikum abschmecken.

Geeignet für alle Blattsalate.

Joghurtsoße mit Quark

Zutaten:
200 g Joghurt, 100 g Quark, 2 EL Zitronensaft, Salz, Pfeffer, 1 Pr. Zucker.

Zubereiten:
Den Quark mit dem Joghurt und Zitronensaft glattrühren.

Mit jeweils 1 Pr. Salz, Zucker und Pfeffer aus der Mühle abschmecken.

Diese Soße eignet sich besonders gut für „kombinierte" Salate, welche aus Früchten, Käse oder Geflügel hergestellt werden.

Für Blattsalate sollte diese Salatsoße etwas dünner gehalten werden, indem man sie mit Milch oder Sahne „streckt".

❁ Ein guter Käse wiegt eine schlechte Mahlzeit auf. ❁

Besonders leichte Salatsoßen: Kressesoße

Zutaten:
30 g Kresse fein gehackt, 2 EL Essig, 120 g Kefir, 400 g Dickmilch, 1 TL frisch geriebener Meerrettich, Salz, weißen Pfeffer aus der Mühle.

Zubereiten:
Dickmilch, Kefir, Meerrettich und Gewürze miteinander glattrühren.

Zum Schluß den Essig unterrühren und evtl. mit etwas Salz und Pfeffer nachwürzen.

Geeignet für: Eiersalat, Spargelsalat, auch zu kalten Braten oder Roastbeef.

Zwiebeldressing

Zutaten:
1 rote Zwiebel (feine Würfel), 1 Schalotte (fein gehackt), ½ EL Zitronensaft, ¼ l Buttermilch, ½ Knoblauchzehe (fein zerdrückt), Salz, Pfeffer.

Zubereiten:
Alle Zutaten miteinander verrühren.

Geeignet für alle Blattsalate, aber auch für Tomaten oder Paprikasalat.

Dilldressing

Zutaten:
300 g Kefir, 1 EL Zitronensaft, 2 EL feingehackten Dill, 1 feinzerdrückte Knoblauchzehe, Salz, Pfeffer.

Zubereiten:
Alles miteinander glattrühren.

Paßt gut zu Gurkensalat.

Schnittlauchsoße

Zutaten:
300 g Dickmilch, 2 EL Schnittlauchröllchen, 1 EL Senf (mittelscharf), Salz, Pfeffer aus der Mühle.

Zubereiten:
Alles miteinander glattrühren.

Geeignet für alle Blattsalate, Eiersalat und Kartoffelsalat.

Tip:
Diese Art von Salatsoßen ist leicht abzuwandeln nach eigenem Geschmack, denn die Kräuter und anderen Würzmittel sind austauschbar. Als Basis verwenden Sie einfach Joghurt, Kefir, Buttermilch, Dickmilch oder Sauerrahm. Zur Säuerung dienen verschiedenste Essigsorten oder Zitronensaft.

Käse aus dem Allgäu als Brotaufstrich

Allgäuer Käse ist auch sehr gut als Aufstrich für „Partybrötchen“ geeignet. Als Brot sollten Bauernbrot, Vollkornbrot, geröstete Weißbrotscheiben, Laugenstangen, Seelen und kräftig schmeckende Brotsorten verwendet werden. Bei der Herstellung sollten folgende Regeln eingehalten werden:
Die Brotscheiben sind mit etwas weicher Butter zu bestreichen.

Danach erst die „Käsemischung“ daraufstreichen.

Als Garnitur wäre geeignet: Tomaten, Gurken, Radieschen, Kapern, Kräuter, Sardellen, Oliven, Weintrauben.

Das Brot soll in mundgerechte Stücke oder Scheibchen geschnitten werden.

Allgäuer Käsebutter

Zutaten:
80 g weiche Butter, 50 g feingeriebener Bergkäse, 50 g feingeriebener Emmentaler, 50 g feinzerdrückter Romadur, 2 EL Sahne, Pfeffer.

Zubereiten:
Butter schaumig rühren, Käse beigeben und mit der Sahne und wenig Pfeffer glattrühren.

Auf Laugenbrot anrichten und mit Radieschenscheiben sowie Zwiebelringen garnieren.

Tomatisierter Käseaufstrich

Zutaten:
150 g feingeriebener Bergkäse, 70 g weiche Butter, 2 EL Sauerrahm, 1 EL Tomatenmark, ½ TL Paprikapulver edelsüß, Muskat.

Zubereiten:
Butter schaumig rühren.

Alle anderen Zutaten dazugeben und glattrühren.

Auf Bauernbrot oder Vollkornbrot anrichten und mit grünen und schwarzen Oliven (entsteint!) garnieren.

Käse-Nußbutter

Zutaten:
100 g feingeriebener Bergkäse, 50 g feingemahlene Nüsse (Walnüsse, Haselnüsse), 50 g weiche Butter, 2 EL Sahne, Pfeffer.

Zubereiten:
Butter schaumig rühren, Käse und Sahne beigeben. Nochmals glattrühren.

Die gemahlenen Nüsse dazugeben und mit wenig Pfeffer würzen.

Auf Pumpernickelbrot anrichten. Mit Früchten und Nüssen garnieren.

Romadur-Aufstrich

Zutaten:
1 Zwiebel (Würfelchen), 1 EL Schnittlauch (fein geschnitten), 200 g Romadur, 60 g weiche Butter, ½ TL Kümmel, ½ TL Paprika edelsüß.

Zubereiten:
Vom Romadur die Rotschmiere leicht abschaben (mit dem Messerrücken).

Den Käse mit der Gabel fein zerdrücken.

Butter schaumig rühren und mit dem Käse gut vermengen.

Die restlichen Zutaten beigeben.

Dafür ist ein kräftiges Bauernbrot geeignet.

Was der Bauer nicht kennt, das ißt er nicht.
Würde der Städter kennen, was er ißt,
dann würde er sofort Bauer werden.

Suppen mit Käse

Romadur-Käsesuppe

Zutaten:
50 g geräuchertes Wammerl (Würfelchen), 30 g Butter, 2 Zwiebeln (Würfel), ½ Knoblauchzehe (fein zerdrückt), 10 g Mehl, ¼ l Most, ¼ l Fleischbrühe, 200 g Romadur (in Würfel), Salz, Pfeffer, Muskat, wenig Kümmel, 2 EL gehackte Petersilie, 1 dl Sahne, 5 Weißbrotscheiben ohne Rinde (in Würfel).

Zubereiten:
Die Speckwürfelchen in Butter anbraten.

Zwiebel und Knoblauch mitschwitzen.

Mit dem Mehl bestäuben und 5 Minuten weiterschwitzen lassen. Das Ganze darf nicht braun werden!

Mit dem Most und der Brühe aufgießen, sofort glattrühren und aufkochen.

Den Käse beigeben und diesen schmelzen lassen, dabei ständig rühren.

Sahne und Gewürze dazu, nochmals erhitzen.

Die Suppe in einer Terrine anrichten.

Die Weißbrotwürfel in Butter hellbraun rösten und auf die Suppe geben.

Die stärkste Suppe ist die Wassersuppe,
denn das Wasser treibt die Mühlräder an.

Bäuerliche Käse-Spinatsuppe

Zutaten:
250 g Blattspinat (geputzt, gewaschen und in Streifen geschnitten), 0,3 l Milch, 0,3 l Fleischbrühe, 20 g Mehl, 100 g Bergkäse (fein gerieben), 100 g Emmentaler (fein gerieben), 2 EL gehackten Kerbel, 5 EL Sauerrahm, ½ Knoblauchzehe, 50 g Butter, 5 Schwarzbrotscheiben (in Würfel).

Zubereiten:
Butter zerlaufen lassen, Spinat darin anschwitzen, Mehl beigeben und mitschwitzen.

Mit Milch und Fleischbrühe auffüllen, sofort glattrühren und aufkochen.

Den feingeriebenen Käse beigeben und schmelzen lassen, immer wieder umrühren.

Die Sahne, den Sauerrahm und die Gewürze beigeben. Das Ganze im Mixer oder mit einem Mixstab pürieren.

Zum Schluß den gehackten Kerbel unter die Suppe geben.

Die Schwarzbrotwürfel in Butter mit wenig Knoblauch rösten und über die Suppe streuen.

Eine Emanze und eine versalzene
Suppe sind beide ungenießbar.

Mangoldsuppe mit Ziegenkäse

Zutaten:
50 g Butter, 1 Zwiebel (Würfel), 250 g Kartoffeln (gewürfelt), 1 l Ziegenmilch (oder ½ l Kuhmilch und ½ l Fleischbrühe), 50 g Reis, 200 g Mangold, 150 g Ziegenkäse, Salz, weißer Pfeffer, ½ Knoblauchzehe, 1 Döschen (0,1 g) Safran.

Zubereiten:
Die Zwiebeln und den Knoblauch in Butter anschwitzen.

Die gewürfelten Kartoffeln dazugeben, mit der Milch aufgießen und zum Kochen bringen.

Reis und Safran beigeben. Das Ganze so lange kochen, bis der Reis und die Kartoffeln weich sind (15-20 Min.).

In der Zwischenzeit den Mangold putzen, waschen, in kurze feine Streifen schneiden und in Butter anschwitzen.

Den Ziegenkäse in die Suppe geben und schmelzen lassen.

Den Mangold zum Schluß unter die Suppe mischen und diese nochmals erhitzen.

Die Suppe in einer Terrine anrichten, evtl. mit einem trockenen, geriebenen Ziegenkäse bestreuen.

Wer mit dem Teufel Suppe essen will,
muß einen langen Löffel haben.

Walliser Käsesuppe

Zutaten:
80 g mageren Speck (feine Streifen), 250 g Weißbrot (ohne Rinde, in Würfel), 1½ l Fleischbrühe, 70 g Butter, 250 g Emmentaler fein gerieben, ¼ l Weißwein, Salz, Pfeffer, 2 kleinere Zwiebeln (in Ringe), Schwarzbrotscheiben.

Zubereiten:
Die Weißbrotwürfel in Butter anrösten und mit der Fleischbrühe auffüllen.

Das Ganze zum Kochen bringen, den Käse unterrühren und weiter köcheln lassen, bis der Käse geschmolzen ist.

Den Weißwein dazugeben, nochmals erhitzen, aber nicht mehr kochen lassen.

Die Speckstreifen und die Zwiebelringe in Butter rösten.

Die Suppe in einer Terrine anrichten und mit den gerösteten Speck-Zwiebeln abschmelzen.

Dazu paßt: In Butter geröstete Schwarzbrotscheiben.

Wer jede Suppe kosten will,
wird sich oft den Mund verbrennen.

Klostersuppe

Zutaten:
3 Zwiebeln (Würfel), 2 Knoblauchzehen (fein zerdrückt), 2 Stangen junger Lauch (Ringe), 60 g magerer Speck (Würfelchen), 8 Scheiben dunkles Bauernbrot (in Würfel schneiden), je ½ TL Majoran, Liebstöckel und Kümmel (fein gehackt), Pfeffer, 1 l Fleischbrühe, 120 g Emmentaler (grob gerieben), 1 Bd. Schnittlauch, 50 g Griebenschmalz.

Zubereiten:
Das Griebenschmalz zerlaufen lassen, die Speckwürfel darin anbraten.

Zwiebelwürfel, Knoblauch und die Lauchringe mit anschwitzen.

Die Brotwürfel dazugeben und mitrösten.

Majoran, Kümmel und Liebstöckel beigeben.

Mit der Fleischbrühe aufgießen und aufkochen lassen.

Den grobgeriebenen Käse unter die Suppe rühren, diese in einer Terrine servieren, evtl. mit feingehacktem Liebstöckel bestreuen.

Der Mönch fast' gern mit vollem Bauch,
wenn mich nicht hungert, fast' ich auch.

Zwiebelsuppe

Zutaten:
5 große Zwiebeln (in Streifen), 1 Knoblauchzehe (fein zerdrückt), 80 g Butter, 1 l Fleischbrühe, 1/8 l trockener Weißwein, Salz, Pfeffer, 100 g Emmentaler (gerieben), 1 TL Paprikapulver edelsüß, 4 Scheiben Stangenweißbrot.

Zubereiten:
Zwiebeln und Knoblauch in Butter anschwitzen, mit Weißwein ablöschen und der Fleischbrühe auffüllen.

Mit Salz und Pfeffer nachwürzen.

Die Suppe ca. 20-30 Min. köcheln lassen.

In der Zwischenzeit den geriebenen Käse auf die Weißbrotscheiben geben, mit Paprikapulver bestreuen und im vorgeheizten Ofen, bei ca. 250° C überbacken.

Die Zwiebelsuppe in Tassen anrichten und jeweils ein „Käsecrôuton" daraufgeben.

Selleriesuppe mit Käsekrusteln

Zutaten:

500 g Sellerieknolle geschält, Saft von ½ Zitrone, 50 g Mandelstifte, ½ l Milch, ⅛ l Weißwein, ½ Knoblauchzehe (fein zerdrückt), 1 Pr. Zucker, 1 Pr. Salz, 4 Scheiben Stangenweißbrot, 1 dl Sahne, 1 Eigelb, 80 g Bergkäse (fein gerieben), ½ TL Paprika edelsüß.

Zubereiten:

Den geputzten und geschälten Sellerie in Würfel schneiden, danach in Salzwasser mit etwas Zitronensaft weichkochen (nur knapp mit Wasser bedecken!).

Den gekochten Sellerie mit dem eigenen Kochwasser und den Mandeln im Mixer pürieren.

Diesem „Selleriemus" die Milch beigeben und aufkochen, danach erst den Weißwein beigeben und ca. 10 Minuten köcheln lassen.

Die Suppe würzen (Salz, Pfeffer, Zitronensaft) und mit wenig Sahne verfeinern.

Die restliche Sahne steif schlagen, den geriebenen Käse und das Eigelb darunterrühren.

Die Käsemasse auf geröstetes Weißbrot streichen, mit Paprika bestreuen und im vorgeheizten Ofen, bei 250° C überbacken.

Die Suppe in Tassen anrichten und jeweils ein Käsekrustel darauf geben.

❁ Den Löffel hat so mancher, aber die Suppe fehlt. ❁

Bouillon mit Käse-Eierstich

Zutaten:
2 Eier, 1/8 l Milch, 80 g geriebener Emmentaler, Pfeffer, Muskat, Salz, 2 EL Schnittlauch, 1 EL Butter.

Zubereiten:
Eier mit Milch, Salz, Pfeffer, Muskat und dem geriebenen Käse gut miteinander verquirlen.

Feuerfeste Förmchen mit Butter ausfetten und die Käsemasse einfüllen.

Diese Förmchen in ein mit heißem Wasser gefülltes Gefäß stellen, so daß die Wasserhöhe 2/3 der Förmchen beträgt.

Das Wasser auf ca. 80-90° C erhitzen (nicht kochen!) und den Eierstich darin 45 Minuten ziehen lassen bis er stockt.

Ist die Masse fest, dann stellt man die Förmchen in kaltes Wasser und läßt den Eierstich abkühlen, danach stürzt man diesen auf ein Brett oder auf einen Teller.

Der Eierstich kann in Würfel, Streifen, Rauten, aber auch mit dem Buntmesser geschnitten werden.

Anrichten:
Eierstich in die Suppentasse geben, mit gut gewürzter, heißer Rindfleischbrühe übergießen und mit Schnittlauch bestreuen.

Altes Fleisch gibt fette Suppen.

Käsflädle

Zutaten:
100 g Mehl, 2 Eier, ¼ l Milch, 50 g feingeriebener Bergkäse, Salz, Pfeffer, Muskat, Butter zum Ausbacken.

Zubereiten:
Das gesiebte Mehl mit der Milch glattrühren, danach erst die Eier, den Käse und die Gewürze unterrühren.

Den Teig gut glattrühren und davon dünne Pfannkuchen ausbacken.

Diese Pfannkuchen auf einem Gitter erkalten lassen und danach in ca. 4-5 cm lange, dünne Streifen schneiden.

In heißer Fleischbrühe mit feingeschnittenem Schnittlauch servieren.

Allgäuer Käsesuppe

Zutaten:
60 g Butter, 50 g Mehl, 100 g Bergkäse, 100 g Emmentaler, 1 l Rindfleischbrühe (oder 1 l Milch), 1 Eigelb, 1 dl Sahne, Salz, weißer Pfeffer, 4 Scheiben Weißbrot (in Würfel), 1 EL Butterschmalz.

Zubereiten:
Aus Butter und Mehl eine helle Mehlschwitze herstellen.

Mit der Fleischbrühe oder der Milch aufgießen und sofort mit einem Schneebesen glattrühren.

Das Ganze ca. 15 Min. köcheln lassen.

Den geriebenen Käse unterrühren und so lange köcheln lassen, bis sich der Käse gut auflöst.

Das Eigelb mit der Sahne verquirlen und unter die Suppe rühren, mit den Gewürzen abschmecken, aber die Suppe nicht mehr kochen lassen.

Das gewürfelte Weißbrot (auch Schwarzbrot ist geeignet) in Butterschmalz hellbraun rösten. Diese Brotwürfel erst kurz vor dem Servieren auf die Suppe geben.

Wenn Sie diese Suppe noch etwas deftiger, kräftiger wollen, dann geben Sie einfach etwas Romadur und Weißlacker dazu.

Mit feingehacktem Bärlauch oder Brunnenkresse verfeinern.

Käserauten

Zutaten:
60 g Bergkäse (fein gerieben), 1 Eigelb, 1 EL Bier, ½ TL Paprika edelsüß, 4 Scheiben Toastbrot.

Zubereiten:
Den Käse mit Eigelb, Bier, Paprika zu einer streichfähigen Masse verrühren.

Diese Käsemasse auf ein leicht getoastetes Weißbrot streichen und im Ofen bei 250° C hellbraun backen.

In Rauten (verschobene Vierecke) schneiden.

In heißer Fleischbrühe servieren.

Diese „Käsekrusteln“ eignen sich auch sehr gut für Zwiebelsuppen oder tomatisierte Kraftbrühen.

A gscheite Supp ka koim Domma schada.

Quarkklößchen mit Basilikum

Zutaten:
20 g weiche Butter, 1 Eigelb, 100 g Magerquark, 1 EL gehackter Basilikum, 40 g Weißbrot (Würfel, ohne Rinde), 20 g Grieß, Salz, Pfeffer, Muskat.

Zubereiten:
Die Butter schaumig rühren, das Eigelb dazugeben und nochmals glattrühren.

Mit Quark, Grieß, Gewürzen, Kräutern und den Weißbrotwürfeln vermengen. Das Ganze ca. 30 Minuten ruhen lassen (zum Quellen).

Mit einem Teelöffel gleichmäßige, glatte Klößchen formen, ins kochende Salzwasser geben und ca. 5-6 Min. ziehen lassen (nicht mehr kochen!).

In heißer Fleischbrühe mit gehacktem Basilikum servieren.

Käsebiskuit

Zutaten:
2 Eigelb, 2 Eiweiß, 1 Pr. Salz, Muskat, 30 g Mehl, 20 g Emmentaler, 20 g Bergkäse (beide Käse fein gerieben), 20 g Butter zerlassen, 1 TL gehackter Estragon.

Zubereiten:
Eigelb schaumig rühren.

Das Eiweiß zu steifem Schnee schlagen.

Den Eischnee zum Eigelb geben, mit dem Mehl und dem Käse vorsichtig vermengen (mit dem Schneebesen).

Die lauwarme, flüssige Butter unterrühren.

Diese Masse ca. 1 cm dick auf ein Backpapier streichen und bei ca. 220° C 5-8 Min. hellbraun backen.

Den gebackenen Biskuit abkühlen lassen, das Papier entfernen.

Den Käsebiskuit in Quadrate oder Rauten schneiden.

In heißer Fleischbrühe mit etwas gehacktem Estragon servieren.

Lebenskünstler und Feinschmecker wissen,
daß man ein Schwein sein muß,
um Trüffel zu finden.

Käsegerichte aus dem Ofen oder Backen mit Käse

Allgäuer Käseauflauf

Zutaten:
1 Stangenweißbrot, 350 g Emmentaler, 2 Zwiebeln, 2 Knoblauchzehen, 100 g Butter, 3/8 l trockenen Weißwein, Pfeffer aus der Mühle, Salz, 1 Msp. geriebene Muskatnuß, 1 Msp. Paprikapulver edelsüß, 2 EL feingeschnittenen Schnittlauch.

Zubereiten:
Das Weißbrot in ½ cm dicke Scheiben schneiden.

Den Käse auf einer Rohkostraffel reiben.

Die Zwiebel fein schneiden, den Knoblauch zerdrücken.

Ca. 30 g Butter in einem Topf zerlaufen lassen, darin die Zwiebeln und den Knoblauch anschwitzen, mit dem Weißwein ablöschen.

Diesen „Sud“ aufkochen, mit Salz, Pfeffer, Muskat und Paprika abschmecken.

Eine hohe Auflaufform mit Butter einfetten, danach mit einer Lage Brotscheiben auslegen und diese mit etwas von dem Weinzwiebelsud beträufeln, mit Käse und Schnittlauch bestreuen.

Brot, Käse und Schnittlauch abwechselnd einschichten und mit dem Sud beträufeln.

Die letzte Schicht sollte Brot sein, nochmals mit etwas Käse und Paprika bestreuen.

Im Ofen bei ca. 180° C ca. 35 Minuten backen.

Dazu paßt sehr gut ein Feldsalat mit Radieschenstreifen.

Kartoffel-Käseauflauf

Zutaten:
700 g gekochte, geschälte Pellkartoffeln (in Scheiben schneiden), 250 g Zucchini (in Scheiben), 100 g Bergkäse, 100 g Emmentaler grob gerieben, 1 Zwiebel (in Würfel), 2 EL Butter, $^3/_8$ l Milch, 1 Ei.

Zubereiten:
Eine Auflaufform mit Butter ausfetten.

Die Zucchini und Kartoffelscheiben fächerförmig einschichten.

Jede Lage mit Salz, Pfeffer und Muskat würzen und mit dem Käse bestreuen.

Die Zwiebeln in Butter anschwitzen, vom Ofen nehmen, mit der Milch und dem Ei verrühren.

Diese Milch-Eiermasse über die eingeschichteten Kartoffel-Zucchini gießen, nochmals mit Käse bestreuen.

Bei 180° C ca. 45 Minuten backen.

Dazu passen Blattsalate.

Emmentalerkuchen mit Steinpilzen

Zutaten für den Teig:
150 g Mehl, 80 g Butter, 1 Ei, 1 Pr. Salz.

Zutaten für die Füllung:
250 g Emmentaler, 150 g Schinken, 50 g Butter, ¼ l Sauerrahm, 2 Eier, 150 g frische Steinpilze, 1 Zwiebel, 1 Bd. Petersilie, 1 Bd. Schnittlauch, Pfeffer, Muskat, Salz.

Zubereiten:
Aus den Zutaten für den Teig einen Mürbteig herstellen und zugedeckt 45 Minuten im Kühlschrank ruhen lassen.

Emmentaler grob reiben, Schinken in kleine Würfel schneiden, Zwiebel in feine Würfel schneiden, Petersilie hacken, Schnittlauch schneiden.

Den Mürbteig dünn ausrollen.

Eine Springform mit dem Teig auslegen.

Für die Füllung: Zwiebeln, Schinken und Steinpilze in Butter anbraten, würzen und die Petersilie beigeben.

Eier aufschlagen, mit dem Sauerrahm verrühren, den Käse sowie das angebratene Gemüse untermischen.

Die Füllung auf den Mürbteigboden geben, mit etwas geriebenem Emmentaler und Paprika bestreuen.

Bei 180° C 40-45 Minuten backen.

Etwas abkühlen lassen, aus der Form nehmen, schneiden und nochmals warm stellen.

Dazu passen alle Blattsalate.

Sesam-Käsetörtchen

Zutaten für den Teig:
200 g Mehl, 100 g gewürfelte Butter, 1 Pr. Salz, 1-2 EL Wasser, 1 Eigelb.

Aus diesen Zutaten einen Mürbteig herstellen und 1 Std. kalt stellen.

Zutaten für die Füllung:
3 Eigelb, 3 Eiweiß (zu Schnee schlagen), $^{1}/_{8}$ l Sahne, 50 g Limburger (in 1 cm Würfel schneiden), 100 g Bergkäse, 100 g Emmentaler, Pfeffer, Salz, weißer und schwarzer Sesamsamen.

Zubereiten:
8 Förmchen von 10 cm Durchmesser mit dem dünn ausgerollten Teig auslegen.

Für die Füllung verrührt man die Sahne mit den Eigelben, dem grobgeriebenen Bergkäse und Emmentaler sowie dem in Würfel geschnittenen Limburger.

Die Gewürze beigeben und den Eischnee unterheben.

Die Füllung in die mit dem Mürbteig ausgelegten Förmchen geben und mit Sesam bestreuen.

Bei 200° C ca. 25 Minuten backen.

Diese Käsetörtchen sind als Vorspeise, aber auch als „Zwischendurchgericht“ zum Bier geeignet.

Zwiebel-Käsekuchen mit Bärlauch

Für den Teig:

200 g Mehl, 100 g Butter, 1 Eigelb, 1 Pr. Salz, 1-2 EL Wasser.

Aus den Zutaten einen Mürbteig herstellen und 1 Std. im Kühlschrank zugedeckt ruhen lassen.

Für die Füllung:

40 g Butter, 250 g Zwiebeln (Würfel), 200 g Bergkäse, 2 EL feingeschnittenen Bärlauch, 1/8 l Milch, 1/8 l Sahne, 30 g Mehl, 2 Eigelb, 2 Eiweiß (Schnee), 1 Pr. Salz, Pfeffer aus der Mühle.

Zubereiten:

Den Mürbteig dünn ausrollen und damit eine Springform (24 cm) auslegen.

Die Zwiebelwürfel in der Butter anschwitzen und wieder kalt stellen.

In der Zwischenzeit die Milch sowie die Sahne mit dem Mehl glattrühren, erst danach die Eigelb daruntergeben.

Jetzt die Zwiebeln und den grobgeriebenen Bergkäse unterheben. Mit Salz, Pfeffer und dem Bärlauch vervollständigen.

Das Eiweiß zu einem steifen Schnee schlagen und vorsichtig unter die Masse heben.

Die Füllung in die mit Mürbteig ausgelegte Form geben.

Bei 200° C ca. 40 Minuten backen.

Etwas abkühlen lassen, erst danach aus der Form nehmen, in Portionen schneiden und wieder erwärmen.

Dazu passen Feldsalat oder Salat von Brunnenkresse.

Allgäuer Käsetörtchen

Zutaten für den Teig:
240 g Mehl, 120 g Butter, 1 Ei, 1 Pr. Salz, 1 EL Wasser.

Einen Mürbteig herstellen und ca. 1 Std. kühl stellen.

Für die Füllung:
1 dl Milch, 1 dl Sahne, 3 Eier, 200 g Bergkäse (grob gerieben), 100 g Emmentaler (gerieben), Salz, Pfeffer, Muskat gerieben.

Zubereiten:
15 Förmchen mit einem Durchmesser von 8 cm mit dem Mürbteig dünn auslegen.

Sahne, Milch, Eier und den grobgeriebenen Käse mit den Gewürzen vermengen.

Die Förmchen mit der Masse bis zu ¾ Höhe füllen und bei 200° C 20-25 Minuten backen.

Allgäuer Käsefladen („Allgäu-Pizza“)

Zutaten für den Hefeteig:
300 g Mehl, 20 g Hefe, 1/8 l lauwarmes Wasser, 1 Pr. Salz, 2 EL Olivenöl.

Zum Belegen brauchen Sie:
100 g geriebenen Bergkäse, 100 g geriebenen Emmentaler, 100 g Romadur (in feinen Scheiben), 400 g Tomaten, 1 Knoblauchzehe, 2 EL Olivenöl, Salz, Pfeffer.

Zubereiten des Hefeteiges:
Das Mehl in eine Schüssel geben, darin eine Mulde bilden, in diese die Hefe hineinbröseln und das Wasser über die Hefe schütten.

Den Vorteig mit Mehl bestäuben und „gehen“ lassen.

Das Öl dazugeben und alles miteinander zu einem glatten Teig verarbeiten.

Den Teig in eine andere Schüssel geben und nochmals bis zum doppelten Volumen gehen lassen.

Den Teig in 2-3 Stücke teilen, mit der Hand zu Kugeln formen und mit einem Rollholz zu Fladen ausrollen, bzw. ausziehen.

Durchmesser ca. 27 cm.

Fertigstellen:
Die Tomaten kurz blanchieren, im Eiswasser abschrekken, die Haut abziehen, vierteln, die Kerne entfernen und auf den Fladen verteilen. Den Knoblauch in hauchdünne Scheiben schneiden, darüberlegen und mit Salz und Pfeffer würzen. Mit wenig Öl beträufeln. Darauf den Käse gleichmäßig verteilen.

Im vorgeheizten Ofen bei 220° C 20 Minuten backen.

Sie können dem Belag auch dünne Speckscheiben und Zwiebelringe beigeben.

Der Vegetarier ist ein Mensch,
der kein tierisches Leben ißt,
das man ohne Mikroskop sehen kann.

Kräuterspeckkuchen

Zutaten für den Teig:
200 g Mehl, 100 g gewürfelte Butter, 1 Pr. Salz, 1 Eigelb, 1-2 EL Wasser.

Aus diesen Zutaten einen Mürbteig herstellen und 1 Std. kalt stellen.

Für die Füllung:
200 g geräuchertes Wammerl (in kleine Würfel schneiden), 100 g Emmentaler, 50 g Bergkäse, 4 Eier, ¼ l Sahne, 1 Pr. Salz, Pfeffer aus der Mühle, 3 EL gehackte Kräuter (Basilikum, Petersilie, Estragon, Schnittlauch, Thymian).

Zubereiten:
Mürbteig dünn ausrollen und damit eine Springform (24 cm) auslegen.

Die Speckwürfelchen mit wenig Öl anbraten und wieder kalt stellen.

Den Käse grob raspeln.

Speck, Käse, Sahne, Eier, Gewürze und Kräuter miteinander vermengen.

Diese Füllung in die mit dem Mürbteig ausgelegte Form geben.

Bei 200° C 35-40 Minuten backen.
Den „Kuchen" etwas abkühlen lassen, erst danach aus der Form nehmen, in Portionen schneiden und wieder erwärmen.

Mürbteig-Käsegebäck

Zutaten:
150 g Butter, 120 g feingeriebener, trockener Bergkäse, 50 g feingeriebener Emmentaler, 2 EL Sahne, 1 Pr. Salz, 250 g Mehl, ½ TL Backpulver, ½ TL edelsüßes Paprikapulver, 2 Eigelb.

Zum Garnieren bzw. Bestreuen vor dem Backen: Mohn, Sesam, Kümmel, grobes Salz, Pistazien, Mandeln.

Zubereiten des Teiges:
Die weiche Butter mit dem Käse und den Gewürzen in eine Schüssel geben und mit der Sahne glattrühren.

Das Mehl mit dem Backpulver vermischen und mit der Buttermasse verkneten, bis der Teig glatt ist (nicht zu lange kneten, denn das macht den Teig brüchig!).

Den Teig zu einer Kugel formen, in Folie wickeln und 2 Stunden kühl stellen.

Die Arbeitsfläche mit Mehl bestreuen, danach den Teig mit einem Nudelholz ca. ½ cm dick ausrollen.

Verschiedene Formen ausstechen und auf ein Backblech legen. Die Plätzchen mit Eigelb bestreichen und dementsprechend bestreuen bzw. belegen (Mohn, Sesam, Mandeln usw.).

Im vorgeheizten Ofen bei 220° C ca. 10-15 Minuten backen.

Gute Küche, magere Erbschaft.

Brandteiggebäck mit Käse

Brandteig ist eine ideale Basis für pikante Gebäcke und deshalb mit Käse sehr gut kombinierbar. Der Käse kann unter den Teig gerührt werden, als Füllung dienen, aber auch zum Mitbacken ist er geeignet.
Brandteiggebäcke (ungesüßte Brandteigkrapfen) können mit Käsesalat oder Käsecremes gefüllt werden. Zum Backen ist trockener Hart- oder Schnittkäse wie Emmentaler oder Bergkäse ideal.

Brandteig-Grundrezept

Zutaten:
1/8 l Milch, 1/8 l Wasser, 120 g Butter, 1 Pr. Salz, 200 g Mehl, 5 Eier.

Zum Bestreuen des Gebäcks: grobes Salz und Kümmel. Für Brandmasse mit Käse gibt man 150 g geriebenen Emmentaler bzw. Bergkäse unter den fertigen Teig.

Herstellung des Brandteiges:
Wasser, Milch, Butter und Salz miteinander aufkochen.

Das Mehl auf einmal („im Sturz") in die kochende Flüssigkeit schütten und die Masse sofort mit einem Kochlöffel glattrühren.

Beim „Abbrennen" der Masse muß der Teig so lange gerührt werden, bis sich ein Kloß bildet und am Boden eine weiße Schicht entsteht. Der Teig löst sich dann leicht vom Topf.

Den Teig in eine Schüssel umfüllen und etwas abkühlen lassen.

Die Eier nach und nach, d. h. einzeln, unterrühren (erst wenn der Teig glatt ist, das nächste Ei dazugeben).

Beim Brandteig mit Käse wird zum Schluß der feingeriebene Käse untergerührt.

Aus diesem vielfältig verwendbaren Brandteig (mit oder ohne Käse) können Sie folgendes Käsegebäck herstellen.

❁ Man muß mehr für seine Gesundheit lassen als tun. ❁

Brandteigbällchen mit Käsesahnefüllung

Wie auf Seite 67 beschrieben, einen Brandteig herstellen.

Den Teig mit einer „Lochtülle" in kleinen Kugeln auf ein gebuttertes Blech spritzen und mit Ei bestreichen.

Bei 220° C ca. 20 Minuten „mit Schwaden" backen, d. h. nach dem Einschieben ½ Tasse Wasser auf den Boden des Backofens schütten. Der entstehende Dampf (Schwaden) läßt den Teig besser aufgehen.

Füllung:
120 g Ziegenfrischkäse, 180 g Doppelrahmfrischkäse, 50 g feingeriebener Bergkäse, 2 EL gehackte Petersilie, 1 EL Schnittlauch fein geschnitten, Salz, Pfeffer, ¼ l geschlagene Sahne.

Fertigstellen:
Alle Zutaten, außer der Sahne, gut miteinander verrühren.

Die Sahne vorsichtig unterheben.

Den Brandteigbällchen den Deckel abschneiden und die untere Hälfte mit der Käsecreme-Masse mit einem Löffel füllen. Die Deckel wieder daraufgeben.

Diese Käsebällchen passen sehr gut zu Wein aber auch zu Bier.

Fleischgerichte mit Käse

Gratiniertes Kalbskotelett

Zutaten:
150 g feingeriebene, gekochte Kartoffeln (Pellkartoffeln vom Vortag), 80 g feingeriebener Emmentaler, 70 g feingeriebener Bergkäse, 1 Eigelb, 1 EL Schnittlauchröllchen, 1 EL gehackter Kerbel.
4 Kalbskoteletts (je 200 g), Olivenöl zum Braten, Salz, Pfeffer aus der Mühle.

Zubereiten:
Die feingeriebenen oder gepreßten gekochten Kartoffeln mit dem Käse, dem Eigelb und den gehackten Kräutern vermengen, evtl. mit Salz, Pfeffer und Muskat etwas nachwürzen.

Die Koteletts würzen, in Mehl wenden und im Olivenöl braten.

Die gebratenen Koteletts auf ein Backblech legen, die Kartoffel-Käsemasse gleichmäßig auf das Fleisch verteilen.

Im vorgeheizten Backofen bei starker Oberhitze überbacken, bis die Oberfläche hellbraun ist.

Dazu paßt: Kräuterbutter und grüne Bohnen.

Fleisch ist doch so ungesund,
sagte der arme Mann,
und kochte sich einen Maisbrei.

Rinderrouladen Allgäuer Art

Zutaten:
4 Scheiben Rindfleisch (aus der Keule, je 130 g), Salz, Paprika, 4 Scheiben mageren Speck, 4 Scheiben Emmentaler, 4 EL Öl, ¼ l Fleischbrühe, ¼ l Rotwein, 4 EL Sauerrahm, 1 EL Mehl.

Zubereiten:
Die Schnitzel dünn klopfen.

Mit Salz, Pfeffer und Paprika würzen.

Auf jedes Schnitzel je eine Scheibe Speck und Käse legen.

Die Schnitzel aufrollen und mit einem Bindfaden binden oder mit einem Holzspieß befestigen.

Die Rouladen in Mehl wenden und von allen Seiten in Öl anbraten.

Mit dem Rotwein und der Fleischbrühe ablöschen bzw. auffüllen.

Ca. 90-100 Minuten zugedeckt schmoren lassen.

Am Ende der Garzeit den Bratenfond durch ein Sieb gießen. Den Sauerrahm mit dem Mehl verquirlen und unter den Fond rühren. Die Soße nochmals 2-3 Minuten köcheln lassen.

Den Spieß oder Bindfaden von den Rouladen nehmen.

Die Soße über die Rouladen geben und servieren.

Dazu passen Erdäpfelschupfnudeln.

Überbackene Lammkoteletts

Zutaten für die Käsemasse:
100 g feingeriebener Bergkäse, 50 g Schinken (Würfelchen), 1 EL gehackte Petersilie, 1 EL Schnittlauchröllchen, 3 EL geschlagene Sahne, 1 Ei, Salz, Pfeffermühle.

Zutaten für das Fleisch:
8 St. Lammkoteletts (a 80-90 g), Salz, Pfeffermühle, 30 g Butterschmalz, 4 Scheiben Kräuterbutter, 0,4 l Fleischbrühe oder braunen Fond.

Zubereiten:
Das Ei aufschlagen, mit dem Käse, Schinken und Kräutern vermischen. Die geschlagene Sahne zum Schluß unterheben.

Die Koteletts leicht klopfen, würzen (Salz, Pfeffermühle) und in Butterschmalz rosa braten.

Das Fleisch aus der Pfanne nehmen und auf ein Gitter legen.

Das Fett aus der Pfanne gießen, den Bratensatz mit dem Fond (oder Brühe) ablöschen, bis zur Hälfte einkochen lassen. Zum Schluß die Kräuterbutter unter ständigem Rühren mit dem Schneebesen beigeben.

Ist die Soße etwas zu dünn, dann kann diese mit wenig Mehlbutter oder Mondamin (vorher mit Rotwein anrühren) leicht gebunden werden.

Die Käsemasse gleichmäßig auf die gebratenen Koteletts verteilen und im Salamander (Grill mit starker Oberhitze) oder im Backofen bei starker Oberhitze hellbraun überbacken (gratinieren).

Anrichten:
Soße auf die vorgewärmten Teller geben, die überbackenen Koteletts darauflegen.

Dazu passen: Bohnen im Speckmantel und Rösti.

Wenn du mir das Lamm schenkst,
dann schenk ich dir das Fell.

Allgäuer Käsespieß

Zutaten:
400 g Bergkäse oder Emmentaler, oder gemischt (am Stück), 16 Scheiben mageren Rohschinken (ca. 120 g), 8 kleine junge Zwiebeln, 5 EL Öl, 8 Champignonköpfe (oder frische Steinpilze in Stücke geschnitten), Pfeffer aus der Mühle, Majoran, Thymian, 6 cl Dunkelbier.

Zubereiten:
Den Käse in 16 Stücke (ca. 2 cm dick und 5 cm lang) schneiden.

Den Käse mit Pfeffer aus der Mühle würzen.

Jedes Käsestück in eine Scheibe Rohschinken einwickeln.

Den eingewickelten Käse, die Zwiebeln und die Champignonköpfe abwechselnd auf 4 Spieße gleichmäßig verteilen.

Die Spieße mit Öl bepinseln und den Kräutern bestreuen.

Bei geringer Hitze auf jeder Seite jeweils 3-4 Minuten braten.

Die Spieße auf eine vorgewärmte Platte geben und warm stellen. Den Bratensatz in der Pfanne mit dem Dunkelbier ablöschen und „loskochen", danach über die Spieße träufeln.

Dazu paßt sehr gut ein warmer Kartoffelsalat und ein kühles Bier.

Spiegeleier mit Speck und Käse

Zutaten:

4 Eier, 2 Zweige Estragon, 4 Scheiben Emmentaler, Salz, Pfeffermühle, 1 EL Schnittlauchröllchen, 1 Msp. edelsüßer Paprika, 8 dünne Scheiben Speck, 1 EL Butter, 4 Scheiben Bauernbrot.

Zubereiten:

Die Butter in einer Pfanne erhitzen, den Speck leicht anbraten, die Eier vorsichtig hineinschlagen.

Das Eiweiß mit etwas Salz würzen.

Die Spiegeleier 2-3 Minuten leicht braten lassen.

Die Käsescheiben auf die Spiegeleier legen, Schnittlauch und Paprika darüberstreuen, den Estragon daraufgeben.

Einen Deckel auf die Pfanne geben und den Käse schmelzen lassen.

Die Brotscheiben auf vorgewärmten Tellern anrichten, Spiegeleier daraufgeben, evtl. mit Tomatenecken und leicht angemachtem Feldsalat garnieren.

Hackbraten mit Weißlacker

Zutaten:
500 g Hackfleisch gemischt (½ Schwein, ½ Rind), 2 Eier, 3 EL feine Haferflocken, 3 EL Zwiebelwürfelchen, Salz, Pfeffer, 2 EL Semmelbrösel, 120 g Weißlacker, 2 große Scheiben gekochten Schinken (je 50 g), ½ TL Majoran, 2 EL gehackte Petersilie, ½ Knoblauchzehe fein zerdrückt, 2 EL Butter.

Zubereiten:
Eine rechteckige Form mit Butter ausfetten und mit den Semmelbrösel bestreuen.

Die Zwiebelwürfel in Butter glasig schwitzen, Petersilie, Knoblauch und Majoran beigeben und kurz mitschwitzen lassen, danach kalt stellen.

Das Hackfleisch mit den Eiern, Haferflocken, Zwiebelmasse, Salz und Pfeffer gut vermengen.

Die Hälfte der Fleischmasse in die ausgebutterte Form geben (andrücken).

Den Weißlacker in dicke Streifen schneiden und in den Schinken einrollen.

Die Schinkenrollen nebeneinander oder hintereinander auf die Hackmasse geben, leicht andrücken.

Die restliche Fleischmasse darüber verteilen, leicht andrücken und die Oberfläche glattstreichen.

Auf den Hackbraten Semmelbrösel streuen und mit Butterflocken belegen.

Im Ofen bei 180° C ca. 60 Minuten backen.

Danach 5 Minuten ruhen lassen, aus der Form „stürzen“ und aufschneiden.

Dazu passen „Saure Rädle“ (Bechamelkartoffeln mit Lauch).

Wer das Schweinefleisch spickt,
der wird auch den Honig zuckern.

Käsegötz

Zutaten:
300 g Emmentaler (Stück), 180 g gekochter Schinken (Scheiben), 300 g Weißbrot (2 Tage alt), ½ l Milch, 200 g Sauerrahm, 3 Eier, Salz, Pfeffer aus der Mühle, ½ TL Paprikapulver, 70 g Butter.

Zubereiten:
Emmentaler grob reiben.

Das Weißbrot entrinden und in 3-4 cm breite Streifen schneiden. Die Schinkenscheiben ebenfalls in 3-4 cm breite Streifen schneiden.

Milch, Sauerrahm, Gewürze und Eier gut miteinander verrühren.

Eine Auflaufform gut einfetten.

Brot und Schinkenstreifen sowie 250 g vom Käse in Lagen einfüllen. Die oberste Schicht soll Brot sein.

Die Eiermilch darübergießen, dabei Brot und Schinken mit einer Gabel auflockern, damit die Eiermilch den Auflauf gut durchdringen kann.

Den restlichen Käse und evtl. etwas Paprikapulver darüberstreuen. Das Ganze mit Butterflocken belegen und im vorgeheizten Ofen bei 200° C ca. 45 Minuten backen.

Dazu passen Blattsalate und ein gut gekühltes Pils.

Keine Uhr geht gleichmäßiger als der Bauch.

Käse-Speckpfannkuchen

Zutaten für die Pfannkuchen:
½ l Milch, 200 g Mehl, 5 Eier, 2 EL feingehackte Petersilie, Salz, Pfeffer, Muskat, Fett zum Backen.

Zutaten für die Füllung:
200 g mageren, geräucherten Bauchspeck, 200 g grobgeriebenen Bergkäse.

Zubereiten:
Das Mehl in eine Schüssel geben und mit der Milch glattrühren, erst danach die Eier, die Gewürze und die Petersilie beigeben.

Aus diesem Teig werden Pfannkuchen hergestellt.

Die fertigen Pfannkuchen füllt man mit dem in feinste Streifen geschnittenen Speck und grobgeriebenem Bergkäse.

Die Pfannkuchen zusammenrollen, in eine gebutterte Form geben, mit geriebenem Bergkäse und wenig Paprikapulver bestreuen.

Bei ca. 200° C im Backofen so lange erwärmen, bis der Käse innen und außen geschmolzen ist (dauert ca. 10 Minuten).

Dazu passen Blattsalate mit Kräuterdressing.

Man muß essen, was man hat, sagte der Bauer
und bestrich den Speck mit Butter.

Bunter Filetspieß vom Grill

Zutaten:
400 g Schweinefilet, 250 g Emmentaler, 150 g Magerspeck (dünne Scheiben), je ½ grüne, rote und gelbe Paprikaschote, 2 geschälte Zwiebeln, 4 EL Öl, Kümmel, Paprikapulver, Salz, Pfeffer.

Zubereiten:
Schweinefilet und Käse in 2 cm große Würfel schneiden. Die Paprikaschoten und die Zwiebeln in ähnliche Stücke schneiden wie das Fleisch.

Den Käse mit den Speckscheiben umwickeln.

Fleisch, Käse, Paprika und Zwiebelstücke abwechselnd auf die Spieße stecken.

Die Spieße mit etwas Öl bestreichen, mit Kümmel, Paprika, Pfeffer und Salz würzen.

Auf dem Grill ca. 10-15 Minuten garen lassen (2-3 mal umdrehen).

Ein Filetsteak ist ein Stück Fleisch,
dessen Preis es einem verständlich macht,
warum die Kühe in Indien heilig sind.

Schweineschnitzel im Käseei

Zutaten:
4 Schweineschnitzel (je 130 g), 50 g feingeriebener Emmentaler, 2 Eier, Salz, Pfeffer, 1 EL Mehl, Öl zum Backen.

Zubereiten:
Die Schnitzel klopfen, mit Salz und Pfeffer aus der Mühle würzen.

Die Eier aufschlagen und mit dem Käse verrühren.

Die gewürzten Schnitzel in Mehl wenden, durch das Käseei ziehen und im Öl beidseitig braten.

Dazu passen: Tomatensoße und Spinatspätzle.

Der reiche und das Schwein
werden nach dem Tod hoch geschätzt.

Allgäuer Käse-Fondue

Wissenswertes über das Käsefondue

Das (oder die) Fondue ist ursprünglich ein Gericht aus der westlichen Schweiz, auch französische Schweiz genannt. Eigentlich müßte es „die“ Fondue heißen (vom Französischen „la Fondue“).
Da auch in der Schweiz für dieses Gericht sehr oft der Emmentaler und der Gruyer (ähnlich dem Bergkäse) als Käsekombination verwendet wird, kann man daraus auch eine Allgäuer Spezialität machen.

Die Qualität eines Fondues kann nur so gut sein, wie der Käse, welcher dafür Verwendung findet. Es soll bester, reifer, aber auch nicht zu alter Käse genommen werden.

Der Wein muß genügend Säure haben, denn diese bindet den Käse (notfalls 2-3 Tropfen Zitronensaft verwenden).

Fondue kann mit Kirschwasser oder Obstler abgeschmeckt werden.

Ein Schluck Kirschwasser kann aber auch während des Essens zur besseren Verdauung getrunken werden.

Kalte Getränke, wie der passende Weißwein oder Bier sollten zum Fondue nur von Leuten getrunken werden, welche einen robusten, gesunden Magen haben.

Wer einen empfindlichen Magen hat, sollte Schwarztee zum Fondue trinken.

Als Brot eignet sich Stangenweißbrot (mit viel Rinde) oder ein halbweißes Bauernbrot.

Noch ein paar Fondue-Tips

Für ein Fondue brauchen Sie:
Ein Caquelon (Fonduetopf aus Ton)

Ein Rechaud zum Warmhalten des Fondues.

Fonduegabeln mit Widerhaken zum Eintauchen der Brotwürfel.

Für jeden Gast einen lustig aussehenden Fondue-Latz, welcher vor unangenehmen Käsespritzern schützt.

Einem zu dicken Fondue kann mit etwas erwärmtem Weißwein wieder die richtige Konsistenz gegeben werden.

Ist das Fondue zu dünn, kann noch geriebener Käse eingerührt werden, nochmals kurz köcheln lassen, danach die Hitze zurückdrehen.

Ist das Fondue geronnen? 1 TL Mondamin mit 1 EL Weißwein und 2-3 Tropfen Zitronensaft anrühren und damit das Fondue binden, nochmals leicht aufkochen lassen, Hitze wieder zurückdrehen.

Wie wird Fondue gegessen?
Das Fondue wird am Tisch auf einem Rechaud warmgehalten.

Jeder Gast nimmt sich Brotwürfel auf einen Teller, spießt diese mit seiner Fonduegabel auf, taucht sie in das Fondue ein, rührt darin etwas um und führt die Gabel (drehend) zum Mund.

Der Mund ist wie ein Pferd,
beide haben den Zaum nötig.

Allgäuer Käsefondue (Grundrezept)

Zutaten:

300 g geriebener Emmentaler, 300 g geriebener Bergkäse, 0,3 l trockener Weißwein, ½ Knoblauchzehe, 3 TL Mondamin, 4 cl Kirschwasser oder Obstler, Pfeffer aus der Mühle.

Zubereiten:

Das Caquelon (Fonduetopf) mit Knoblauch ausreiben.

Den Wein dazugießen und erwärmen.

Den Käse einrühren, das Ganze langsam erhitzen und mit einem Holzlöffel ständig rühren.

Wenn der Käse sich ganz aufgelöst hat, das Mondamin mit wenig Weißwein anrühren und in das Fondue einrühren. Nochmals leicht köcheln lassen, bis es „cremig-glatt" ist.

Mit Kirschwasser oder Obstler sowie Pfeffer und ger. Muskatnuß abschmecken.

Raclette, mit Allgäuer Käse?

Das Raclette ist eine uralte Schweizer Spezialität aus dem Wallis, welche ursprünglich am offenen Holzfeuer, bzw. dessen Glut, zubereitet wurde. Die Walliser verwendeten dafür am liebsten einen rahmigen, vollfetten, im Aroma milden Bergkäse, weil dieser beim Erkalten nicht zäh wird.
Da die Allgäuer Käsegeschichte, was den Rund- und Fettkäse betrifft, ihren Ursprung auch in der Schweiz hat, kann man ohne weiteres das Schweizer Raclette ins Allgäu integrieren. Ein fetter, milder Allgäuer Bergkäse, der eine Reifezeit von 4-5 Monaten hinter sich hat, ist dafür bestens geeignet.
Ein „Allgäuer Racletteessen" am offenen Feuer wäre sicher auch ein Erlebnis für die Gäste dieser Region. Man stelle sich das so vor: Die Gäste und der Wirt sitzen rund um das offene Feuer, ein jeder hat ein Stück Bergkäse mit Rinde auf eine lange Gabel gespießt. Der Käse wird so lange über das Feuer bzw. dessen Glut gehalten, bis der Käse zu schmelzen beginnt. Der Bergkäse darf dabei nicht fließen oder rinnen, sondern nur „schmelzig-weich" werden, so daß er abgeschabt werden kann. Raclette wird heiß und sofort gegessen, mit einer Prise Pfeffer aus der Mühle gewürzt, evtl. auf ein Stück Bauernbrot gestrichen. Jeder ißt für sich, ein gemeinsames Beginnen ist nicht nötig, so ist es ein uralter Walliser Brauch. Je nach Eßlust rechnet man pro Person ca. 250 - 300 g Käse.

Eine andere Variante, wahrscheinlich die originale, Raclette im Freien zu bieten wäre folgende: Ein halber kleiner Bergkäselaib wird erhöht auf einen kühlen Stein gelegt und mit der Schnittfläche zum Feuer bzw. zur Glut ausgerichtet. Wenn sich der Käse dunkelgelb färbt und einen Glanz bekommt, kann man die erste Schicht auf einen Teller abstreichen. Diese Prozedur beginnt dann von neuem.
Für das Feuer bzw. die Glut verwendet man am besten Holzkohle, wobei aber auch ein Holzfeuer oder dessen Glut geeignet ist.
Zum Raclette gibt es einfache Beilagen wie: Pellkartoffeln (in der Glut mitgebraten) sowie Gewürzgurken und eingelegte Essigzwiebeln. Selbstverständlich kann ein „Allgäuer Raclette“ auch im Haushalt am Tisch gemacht werden. Dafür braucht man ein spezielles elektrisches Tischgerät mit kleinen Pfännchen oder einen kleinen Racletteofen mit Pfännchen.
Allerdings hat dieses Raclette nicht mehr die Qualität des Originals, obwohl es ein guter Ersatz ist.
Als Getränk eignet sich Tee, denn er hält den Käse im Magen weich. Bei einem kalten Getränk ballt sich der Magen zusammen und verursacht ein Unwohlsein. Wer einen robusten Magen hat, wird darauf keine Rücksicht nehmen, denn er oder sie wird dann zum Raclette das besser schmeckende kühle Bier oder einen kühlen Weißwein trinken.

Allgäuer Käseplatte

Aus Allgäuer Käse läßt sich eine ansprechende, reichhaltige Käseplatte gestalten, auch wenn die Sortenvielfalt nicht übermäßig groß ist, aber die Auswahl ist auch nicht so klein, wie manchmal angenommen wird. So steht uns immerhin zur Verfügung: Emmentaler, Bergkäse, Romadur, Limburger, Ziegenkäse, Schafskäse, Frischkäse (Zieger), Allgäuer Camenbert.
Als Grundsatz gilt, daß eine einfache Käseplatte aus 4-5 Sorten, eine anspruchsvollere aus 7-8 Käsesorten besteht. Beides ist also mit einer Allgäuer Auswahl möglich.
Eine Käseplatte kann als Gang zu einem Menü oder zum kalten Buffet, aber auch als Imbiß zu Wein oder Bier serviert werden.
Ist die Käseplatte Hauptbestandteil eines Essens, dann rechnet man mit 250-300 g Käse pro Person. Soll der Käse als Gang in einem Menü serviert werden, dann reichen 60-80 g pro Person.

Anrichten von Käse
Je nach Anlaß und eigener Phantasie kann Käse auf einem Holzbrett (vom Baumstamm), auf einem geflochtenen Weidentablett (mit Weinblättern oder Nußbaumblättern ausgelegt) oder auf einer Marmorplatte (mit frischen grünen Weinbeerranken und -blättern oder Blättern von Himbeerstauden belegt) angerichtet werden.

Welche Garnitur?
Passende Beilagen oder Verzierungen zu einer Allgäuer Käseplatte können sein: Radieschen, Rettich, Gurken, Ringe von roten, gelben oder grünen Paprikaschoten, Tomaten und Zwiebelringe in gehackte Petersilie oder Paprikapulver getaucht, Kümmel, Äpfel, Birnen, Nüsse und Preiselbeeren. Butter und verschiedene kräftige Brotsorten dürfen nicht fehlen: Bauernbrot, Kümmelbrot, Speckbrot, Zwiebelbrot, Gewürzbrot, Vollkornbrot, Pumpernickelbrot, Nußbrot, Laugenbrot.

Welches Getränk zu welchem Käse?
Die Frage, welches Getränk zu welchem Käse am besten harmoniert, läßt sich nicht pauschal beantworten.

Es schmeckt dazu immer ein Glas Wein, aber auch Bier, Milch, Schnaps sowie Tee oder Kaffee.

Zu scharfem Käse, wie dem Weißlacker, paßt nicht nur Bier, sondern auch ein kräftiger Rotwein (Trollinger, Spätburgunder).

Zum reifen Emmentaler oder Bergkäse, je nach Reifezeit: Gewürztraminer, Spätburgunder aber auch Riesling.

Zu würzigen Käse wie Romadur, Limburger-Backsteinkäse paßt ein Riesling aber auch ein leichter Rotwein.

Warme Käsesoßen

Die klassische Käsesoße ist die „Sauce Mornay" aus Frankreich oder die „Fonduta" aus Italien. Sicher haben die Käsesoßen im Allgäu keine Tradition, aber der Allgäuer Käse ist dafür sehr gut geeignet. Auf jeden Fall sind solche Soßen eine ideale Ergänzung zu gedünstetem Gemüse, aber auch zu gebratenem Fleisch oder zu Fischgerichten. Gemüsearten wie Blumenkohl, Fenchel, Spargel, Stangensellerie, Rosenkohl, Zucchini können mit einer Käsesoße überzogen, nochmals mit geriebenem Käse bestreut werden, um sie danach zu überbacken.

Allgäuer Käse-Grundsoße

Zutaten:
30 g Butter, 30 g Mehl, ½ l Milch, Salz, Pfeffer, Muskat, 1 Eigelb, 1 dl Sahne, 50 g geriebener Käse (½ Emmentaler, ½ milder Bergkäse), 2 EL geschlagene Sahne.

Zubereiten:
Die Butter im Topf zerlaufen lassen, das Mehl dazugeben und ca. 3-4 Minuten schwitzen lassen, ohne daß das Mehl braun wird (ständig rühren).

Mit der Milch aufgießen (alles auf einmal!), sofort mit einem Schneebesen glattrühren.

Die Gewürze beigeben und 15 Minuten unter ständigem Rühren köcheln lassen.

Das Eigelb mit der Sahne verquirlen und unter die Soße rühren.

Das Ganze nochmals vorsichtig bzw. leicht aufkochen lassen.

Die Soße durch ein Sieb passieren, den feingeriebenen Käse unterrühren, nochmals erhitzen bis der Käse sich gut aufgelöst hat.

Zum Schluß die geschlagene Sahne unterheben.

Wenn das Soße ist,
sagte der Kapitän zum Schiffskellner,
dann bin ich bisher auf nichts als Soße gefahren.

Diese Käsegrundsoße können Sie nach Belieben abändern, indem sie noch andere Zutaten beimengen.
Zum Beispiel:

Käsesoße mit Walnüssen:
Allgäuer Käsesoße und gehackte Walnüsse; eignet sich sehr gut zu Kurzbratfleisch aber auch zu verschiedenen Gemüsen.

Käse-Kräutersoße
Käsegrundsoße und frische gehackte Kräuter (Basilikum, Estragon, Schnittlauch, Petersilie).

Schmelzkäsesoße
Schmelzkäse mit wenig Milch bei geringer Hitze erwärmen bis der Käse geschmolzen ist.
Mit Sahne oder Sauerrahm und Eigelb verfeinern.
Nach Geschmack verändern, z. B. mit gehackten Kräutern oder Nüssen.

Diese Käsesoßen können auch zu Gerichten mit Fisch, Gemüse oder Fleisch serviert werden, aber auch zu Nudelgerichten passen sie ausgezeichnet.

Die jungen Leute wissen gar nicht mehr,
daß die Soße wichtiger ist als der Braten.

Beilagen

Emmentaler Semmelknödel

Zutaten:

8 Semmel (2-3 Tage alt), 3 Eier, 2 EL gehackte Petersilie, 1 Zwiebel (Würfel), $^1/_8$ l Milch, 50 g Butter, Pfeffer, Salz, 1 Msp. Majoran, 50 g gewürfelter Bauchspeck, 8 Emmentaler-Würfel (Durchmesser ca. 1,5 cm).

Zubereiten:

Semmel in feine Scheiben schneiden.

Speckwürfel anbraten, Zwiebelwürfel mitschwitzen, Petersilie und Majoran beigeben, danach kalt stellen.

Milch erhitzen und über die geschnittenen Semmel gießen. Die Speckzwiebeln, Eier und Gewürze daruntermengen.

Diese Masse ca. 15 Minuten stehen lassen.

Ist die Masse zu naß, geben Sie einfach 1-2 EL Semmelbrösel dazu.

Knödel in der nassen Hand glatt abdrehen, jeweils in die Mitte ein Stück Emmentaler geben. Der Käse muß mit dem Knödelteig gut umschlossen sein, sonst rinnt der Käse beim Kochen aus.

Die Knödel ins kochende Salzwasser geben und 20 Minuten ziehen lassen (der Käse muß im Innern des Knödels geschmolzen sein).

Diese Käseknödel passen gut zu Schweinebraten, aber auch in einer klaren Fleischbrühe sind sie als Käsknödelsuppe eine Spezialität.

Käsnocken

Zutaten:
300 g Knödelbrot (altbackene Semmel), 0,2 l Milch, 1 Zwiebel (Würfel), 20 g Butter, 130 g Emmentaler, 130 g Bergkäse, 20 g Mehl, 3 Eier, 2 EL gehackte Petersilie, ½ TL Majoran, Salz, Pfeffer, Muskat, 80 g Butter, 50 g trockener geriebener Emmentaler.

Zubereiten:
Die Milch erhitzen und über das Knödelbrot gießen.

Die Zwiebeln in Butter anschwitzen, Petersilie und Majoran dazugeben.

Den Käse in feinste Würfelchen schneiden und mit den Eiern, Zwiebeln, Kräutern sowie dem Mehl unter die Semmelmasse mischen.

Mit den Gewürzen abschmecken.

Mit einem Eßlöffel in der nassen Hand Nockerl formen, diese ins kochende Salzwasser geben, nochmals kurz aufkochen und danach noch 15 Minuten ziehen lassen.

Die Nockerl aus dem Wasser nehmen, auf ein Tuch zum Abtropfen legen.

In einem passenden Geschirr anrichten, nochmals mit geriebenem Bergkäse bestreuen und mit hellbrauner Butter abschmelzen.

Die Fetten leben kürzer, aber sie essen länger.

Käserösti

Zutaten:
1 kg Pellkartoffeln (vom Vortag), 2 Zwiebeln (Würfel), 60 g Butter, 50 g grobgeriebenen Bergkäse, 4 dünne Scheiben Emmentaler, 1 EL Schnittlauchröllchen, Salz, Pfeffer.

Zubereiten:
Kartoffeln schälen und grob reiben, mit wenig Salz und Pfeffer würzen.

Die Zwiebelwürfelchen mit der Hälfte der Butter anschwitzen, die Kartoffeln dazugeben und rösten lassen, immer wieder mit einer Backschaufel umdrehen.

Den geriebenen Käse unter die Kartoffeln mengen und diese Masse mit der Backschaufel auf den Pfannenboden drücken.

Diese Rösti ca. 15 Minuten langsam braten, bis sie beidseitig eine schöne braune Kruste haben.

Zum Schluß den Käse in Streifen schneiden, über die Rösti streuen, mit einem Deckel verschließen.

Wenn der Käse geschmolzen ist, die Rösti auf einer vorgewärmten Platte anrichten.

Zum Speisen gehört mehr Verstand
als zum Lieben.

Kartoffelnocken

Zutaten:
800 g mehlige Kartoffeln, 3 Eigelb, 120 g Mehl, 150 g feingeriebener trockener Bergkäse, Muskatnuß, Pfeffer, Salz, 2 EL gehackte Kräuter (Estragon, Schnittlauch, Petersilie).

Zubereiten:
Kartoffeln schälen, halbieren oder vierteln, in Salzwasser garkochen.

Das Wasser abschütten und die Kartoffeln gut ausdampfen lassen (im Ofen).

Die Kartoffeln durch die Presse drücken, Eigelb, Gewürze, Mehl, Käse und Kräuter unter die Masse arbeiten.

Aus diesem Teig mit einem Eßlöffel kleine Nockerl (2-3 cm) formen. Bestäuben Sie Ihre Hände mit etwas Kartoffelmehl oder Mondamin, dann klebt der Teig nicht so an der Hand!

Diese Nockerl ins kochende Salzwasser geben, nochmals kurz aufkochen, danach 4-5 Minuten ziehen lassen.

Die Nockerl aus dem Wasser nehmen und in einem passenden Gefäß anrichten, mit etwas geriebenem Bergkäse bestreuen und mit wenig hellbrauner Butter abschmelzen.

Diese Nocken könnten auch mit einer leichten Käsesoße überbacken werden.

Kohlrabischnitzel

Zutaten:
4 junge Kohlrabi, Salz, Saft von ½ Zitrone, Pfeffer aus der Mühle, 3 Eier, 100 g Mehl, 100 g feingeriebener Bergkäse, 1/8 l Bier, 1 EL Olivenöl, Fett zum Ausbacken.

Zubereiten:
Kohlrabi waschen, schälen (4-5 Herzblätter aufheben und fein hacken).

Den Kohlrabi in 1 cm dicke Scheiben schneiden, in Salzwasser kochen, aber so, daß sie noch knackig sind.

Die Kohlrabischeiben mit Salz, Pfeffer und Zitronensaft würzen, das Olivenöl und die gehackten Herzblätter untermischen. Das Ganze ca. ½ Std. marinieren lassen.

In der Zwischenzeit aus Mehl, Bier, Eiern und dem geriebenen Käse einen dickflüssigen Backteig herstellen.

Das Backfett auf 170° C erhitzen.

Die Kohlrabischeiben beidseitig im Mehl wenden, durch den Teig ziehen und im heissen Fett hellbraun ausbacken.

Die gebackenen Kohlrabischnitzel auf einem Küchenkrepp abtropfen lassen und in einem vorgewärmten Geschirr anrichten.

Paßt zu allem Gebratenen, ist aber auch als eigenständiges Gericht auf einer frischen Tomatensoße geeignet.

Besser Gemüse ohne Gewürz,
als Gewürz ohne Gemüse.

Grießschnitten

Zutaten:
½ l Milch, 30 g Butter, 1 Pr. Salz, Pfeffer, Muskat, 100g Hartweizengrieß, 3 Eigelb, 80 g feingeriebenen Emmentaler, 40 g flüssige Butter.

Zubereiten:
Die Milch mit 30 g Butter aufkochen, Salz, Pfeffer und Muskat beigeben.

Den Grieß dazuschütten, unter ständigem Rühren köcheln und quellen lassen, bis ein dicker Grießbrei entsteht. Dies dauert ca. 15 Minuten.

2 Eigelbe sowie 40 g ger. Käse unter den Brei rühren.

Diese Grießmasse auf ein gebuttertes Blech streichen, ca. 2 cm dick.

Das Ganze mit Eigelb bestreichen und den restlichen Käse darüberstreuen. Kühl stellen.

Den erkalteten Grießbrei mit einem runden Ausstecher halbmondförmig ausstechen oder kleine Quadrate (4x4 cm) schneiden.

Die Schnitten auf ein Blech geben, mit flüssiger Butter beträufeln und im Ofen bei 220° C hellbraun backen.

Diese Grießschnitten passen zu allem Gebratenen, sind aber auch als eigenständiges Gericht auf Tomatensoße mit verschiedenen Blattsalaten geeignet.

Mancher ißt sich seines Todes sicher.

Einfache Käs-Erdäpfel

Zutaten:
8 große festkochende Kartoffeln, 120 g grobgeriebener Bergkäse, Salz, Pfeffer aus der Mühle, Kümmel, Majoran, Paprika.

Zubereiten:
Die Erdäpfel waschen, bürsten, im Salzwasser gar kochen, aber nicht zu weich.

Die gekochten Kartoffeln mit der Schale der Länge nach halbieren, auf ein gebuttertes Blech setzen.

Die Schnittfläche der Kartoffeln mit etwas Salz und Pfeffer würzen, mit dem geriebenen Käse dick bestreuen.

Zum Schluß etwas Kümmel, Paprikapulver und Majoran daraufgeben.

Im Ofen bei 220° C ca. 15 Minuten überbacken.

Paßt gut als Beilage zu Grillgerichten.

Das Essen, und nicht das Trinken,
brachte uns ums Paradies.

Käsekartoffeln überbacken

Zutaten:
1 kg festkochende Kartoffeln, ¼ l Milch, 100 g Emmentaler gerieben, 100 g feinwürfelig geschnittener Schinken, 1/8 l Sahne, 2 Eigelb, ½ TL Paprikapulver, ½ Knoblauchzehe (fein zerdrückt), 30 g Butter, Muskatnuß.

Zubereiten:
Die Kartoffeln waschen, schälen, in ½ cm dicke Scheiben schneiden.

Eine feuerfeste Form mit Butter und dem Knoblauch ausreiben.

Die Kartoffeln fächerförmig hineinschichten.

Mit Salz, Pfeffer, Muskat würzen, die Milch erhitzen und darübergießen.

Das Ganze mit Alufolie verschließen, in den Ofen schieben und bei 200° C ca. 35 Minuten garen.

Die Folie abnehmen und die Schinkenwürfel über die Kartoffeln streuen.

Die Sahne mit dem Eigelb verquirlen und über die Kartoffeln gießen. Das Ganze mit dem Käse und Paprika bestreuen und wieder in den Ofen schieben.

15 Minuten weitergaren lassen, bzw. überbacken, bis sich eine hellbraune Kruste bildet.

Diese Käs-Erdäpfel passen gut zu allem Gebratenen, schmecken aber auch als eigenständiges Gericht mit verschiedenen Salaten.

Polentaschnitten mit Käse und Kräutern

Zutaten:
0,5 l Wasser, 1 TL Salz, 150 g mittelfeiner Maisgrieß, Pfeffer aus der Mühle, geriebene Muskatnuß, 130 g Butter, 100 g geriebener Bergkäse, 1 Knoblauchzehe (fein zerdrückt), 2 EL gehackte Kräuter (Petersilie, Basilikum, Salbei).

Zubereiten:
Das Wasser mit dem Salz zum Kochen bringen.

Den Maisgrieß einrieseln lassen und mit einem Schneebesen rühren.

Die Temperatur am Siedepunkt halten und ständig mit einem Kochlöffel umrühren (der Brei wird immer dicker und würde im Schneebesen „hängen“ bleiben).

Wenn sich die Grießmasse vom Topf leicht löst, dann ist der Mais gar.

Die Hälfte der Butter dazugeben, mit Pfeffer und Muskat würzen. Jetzt die Hälfte des Käses unterrühren.

Das Ganze auf ein gebuttertes Blech streichen, etwa 2 cm dick, und kalt stellen.

In der Zwischenzeit eine Form oder ein Backblech mit Butter bestreichen.

Die restliche Butter in einer Pfanne erhitzen, darin den Knoblauch und die Kräuter anschwitzen.

Die Polenta in Rechtecke (ca. 5x7 cm) schneiden und auf das Blech legen.

Die Kräuterbutter auf die Polenta verteilen, den restlichen Käse darüber streuen und im Backrohr bei 220° C knusprig braun überbacken.

Diese Maisschnitten können auch in der Pfanne gebraten werden.

Polentaschnitten passen sehr gut zu Fleischgerichten mit Soße (Gulasch, Rindsrouladen, Wildgerichte), auch als selbständige Hauptspeise mit verschiedenen Salaten sind sie ein feines Essen.

Topfenreibekuchen mit Schinken

Zutaten:
800 g mehlige rohe Kartoffeln, 2 Zwiebeln (Würfel), 200 g Topfen, 2 Eier, 40 g Mehl, 1 EL gehackte Petersilie, 80 g Schinkenwürfelchen, Salz, Pfeffer, Muskat, Fett zum Ausbacken.

Zubereiten:
Die Kartoffeln waschen, schälen, grob reiben, ausdrükken und mit den Zwiebeln sowie den Eiern vermischen.

Schinken, Kräuter, Gewürze, Topfen (oder trockenen Quark) und das Mehl unterrühren, so daß eine homogene Masse entsteht.

Aus diesem Teig werden im heißen Fett braune krustige Reibekuchen gebacken.

Die Backzeit beträgt ca. 10 Minuten, für beide Seiten.

Dazu schmeckt grüner Salat.

Ein gebratenes Spanferkel schmeckt gut,
sagte der arme Junge, ich habe schon einmal
den Bürgermeister eines essen gesehen.

Nudelgerichte mit Käse

Fertige Nudeln kaufen, oder hausgemachte bzw. selbst hergestellte verwenden? Wenn dies eine Qualitätsfrage ist, dann braucht man sich um die fertig angebotenen Nudeln keine Sorgen zu machen, denn diese sind heutzutage von bester Qualität. Sicher schmecken die hausgemachten Nudeln anders, vielleicht auch besser, aber das ist auch Geschmacksache. Selbst erzeugte Nudeln haben aber den Vorteil, daß man ihnen einen individuellen Geschmack geben kann. Der Teig kann mit frischem Spinat, Kräutern, Safran oder Tomatenmark natürlich gefärbt werden. In Italien, Frankreich, aber auch schon bei uns, stellt man schwarze Nudeln her, wobei der Teig mit Tinte von der Sepia (Tintenfisch) eingefärbt wird.

Grundrezept für Nudeln

Zutaten für den Teig:
230 g Mehl, 2 Eier, 1 Eigelb, 1 Pr. Salz, 1 TL Öl, 2 EL Wasser.
Anstatt 230 g Mehl können auch 130 g Mehl und 100 g Grieß genommen werden, aber dann benötigt man etwas mehr Wasser.

Zubereiten:
Das Mehl in eine Schüssel geben, mit den Eiern, Salz, Öl und Wasser gut vermengen.

Den Teig aus der Schüssel nehmen und auf einer bemehlten Arbeitsfläche gut kneten, bis er schön glatt ist.

In eine Klarsichthülle einpacken und 1 Stunde ruhen lassen.

Den Teig auf einer bemehlten Arbeitsfläche zu einem Rechteck dünn ausrollen.

Mit einem Messer ½ cm breite Streifen schneiden und auf ein bemehltes Blech oder Tuch geben. Die Nudeln kurz „übertrocknen“ lassen.

Nudeln kochen:
Verwenden Sie genügend Wasser (1 Liter pro 100 g Nudeln). Geben Sie etwas Öl ins Wasser.

Die Nudeln im Salzwasser ca. 8 Minuten kochen, danach in ein großes Sieb schütten und kurz mit kaltem Wasser abschrecken.

Tomatennudeln mit Käsesoße

Zutaten für den Teig:
250 g Mehl, 4 Eigelb, 50 g zerlassene Butter, Salz, 30 g Tomatenmark, 2 EL Wasser, frische Basilikumblätter zum Garnieren.

Zubereiten:
Aus den Zutaten einen tomatisierten Nudelteig herstellen, wie im Grundrezept auf Seite 106 beschrieben.

Danach die Tomatennudeln fertigen und „al dente" (auf Biß) kochen, kurz abschrecken und in Butter anschwenken, mit Pfeffer und Salz würzen.

Auf die Nudeln geriebenen Bergkäse und Emmentaler streuen.

Käsesoße extra reichen, deren Zubereitung ist auf Seite 91-92 beschrieben.

Vollkornnudeln mit Steinpilzen

Zutaten für den Nudelteig:
400 g feines Vollkornmehl, 1 EL Sojamehl, 2-3 Eier, 3 EL Öl, 5 EL Wasser, 1 TL Salz.

Zutaten für die Pilze:
320 g blättrig geschnittene Steinpilze, 2 EL gehackte Petersilie, 1 Zwiebel (Würfel), 1 EL Butter, Salz, Pfeffermühle, ½ TL Zitronensaft.

Zubereiten:
Mit dem Vollkornmehl und den anderen Zutaten einen Nudelteig und Nudeln herstellen, wie im Grundrezept auf S. 106 beschrieben.

Etwas Butter in einer breiten Pfanne zerlaufen lassen, die Zwiebeln darin anschwitzen, Steinpilze beigeben und leicht rösten lassen. Mit Petersilie, Salz und Pfeffer abschmecken.

Die Nudeln in Butter anschwenken, mit Salz und Pfeffer würzen, auf vorgewärmten Tellern anrichten, die Steinpilze darübergeben.

Käsesoße (S. 91-92) und geriebenen Emmentaler oder Bergkäse extra reichen.

Bandnudeln mit Rahm und Käse

Zutaten:
300 g fertig gekochte Nudeln, 70 g Butter, 50 g geriebenen Bergkäse, 80 g geriebenen Emmentaler, 0,2 l Sahne, Salz, Pfeffer, Muskat.

Zubereiten:
Butter in einer großen Kasserolle zerlassen, die frisch gekochten Nudeln dazugeben und durchschwenken.

Den geriebenen Käse und die Gewürze beigeben und vermischen.

Die Sahne darübergießen, das Ganze gut miteinander vermengen.

In vorgewärmten Tellern anrichten, evtl. feine Schinkenstreifen darüberstreuen.

Dazu paßt Salat.

Schlußbemerkung zu den Nudelgerichten:
Mit Allgäuer Käse oder Käsesoße lassen sich viele wunderbare Nudelgerichte kreativ gestalten. Dies können Maultaschen mit Spinatfüllung, mit Fleisch gefüllte Flädle, aber auch Tiroler Schlutzkrapfen sein. Auch mit Gemüse und Pilzen lassen sich diese Gerichte kombinieren, der Phantasie sind dabei keine Grenzen gesetzt.

Durcheinand mit Käs

Allgäuer Kässpatzen

Zutaten:
500 g Mehl, 5 Eier, ⅛ l Wasser, 1 Pr. Salz, Muskat, 150 g grobgeriebener Bergkäse, 150 g grobgeriebener Emmentaler, 150 g Butter, 5 Zwiebeln (Würfel oder Ringe), 2 EL feingeschnittenen Schnittlauch.

Zubereiten:
Aus Mehl, Eiern, Salz, Muskat und Wasser einen glatten, zähflüssigen Teig herstellen, bis dieser Blasen wirft. Den Teig ¼ Std. ruhen lassen.

Salzwasser mit 1 EL Öl aufkochen, den Teig durch den Spatzenhobel ins kochende Wasser drücken. Schwimmen die Spatzen oben, dann sind diese fertig und werden mit einem Schaumlöffel entnommen.

In einer vorgewärmten Schüssel wird angerichtet:
1 Lage Spatzen, 1 Lage Käse, nochmals 1 Lage Spatzen, 1 Lage Käse.

Das Ganze wird in den vorgewärmten Ofen (200° C) gestellt, bis der Käse gut geschmolzen ist. Zum Schluß mit viel gebräunten Zwiebeln und Butter abschmelzen, mit Schnittlauch bestreuen.

In so mancher Gegend werden die Kässpatzen mit Romadur oder Limburger, aber auch mit Weißlacker Käse vervollständigt.

Der Dicke kümmert sich nicht darum,
wer seinetwegen dünn geblieben ist.

Allgäuer Bauernomelett

Zutaten:
400 g geschälte Pellkartoffeln (vom Vortag), 2 Lauchzwiebeln (Ringe schneiden), 2 Schalotten (Würfel), 50 g geräucherter Bauchspeck (Würfelchen), 200 g Romadur, 20 g Butter, 1 Pr. Salz, ½ TL Majoran, 6 Eier, 2 Tomaten und etwas Blattpetersilie zum Garnieren.

Zubereiten:
Die Kartoffeln in 1 cm dicke Scheiben, den Romadur in Würfel schneiden.

Den Speck in einer Omelettpfanne (gußeiserne Pfanne mit hohem Rand) anbraten, die gewürfelten Schalotten dazugeben und kurz mitbraten.

Die Kartoffeln beigeben, Salz, Pfeffer, Majoran dazugeben. Das Ganze hellbraun braten (mehrmals umrühren oder schwenken).

Die Eier verquirlen und mit den Lauchzwiebeln sowie der Hälfte des Käses unter die Kartoffeln rühren.

Das Ganze auf eine Hälfte der Pfanne zusammenschieben und noch 3-4 Minuten leicht braten lassen.

Das Omelett vorsichtig auf einen Teller „stürzen“, danach mit der ungebratenen Seite wieder in die Pfanne zurück geben.

Die restlichen Käsewürfel darauf verteilen, die Pfanne mit einem Deckel schließen und nochmals ca. 4 Minuten leicht braten lassen.

Das fertige Bauernomelett auf einen vorgewärmten Teller „stürzen“, mit feinen Tomatenecken und Blattpetersilie garnieren.

Dazu paßt Rettich und grüner Salat sowie ein kräftiges kühles Bier.

Für dieses Bauernomelett können auch frische Wurst- und Bratenabschnitte, Reste von Emmentaler oder Bergkäse verwendet werden.

Emmentaler Schnitzel

Zutaten:
4 Scheiben Emmentaler (dick geschnitten, pro Scheibe ca. 80 g), 1 EL Mehl, 2 Eier, 4 EL Semmelbrösel, Pfeffermühle, Salz, Butterschmalz zum Ausbacken.

Zubereiten:
Den Käse leicht würzen (Pfeffer, Salz), im Mehl wenden, durch das Ei ziehen und mit den Bröseln panieren. (Panieren Sie den Käse zweimal, dann hält die Kruste besser!)

Butterschmalz erhitzen, den Käse auf beiden Seiten backen, ca. 6 Minuten, bis er beidseitig hellbraun ist.

Dazu passen geschälte Pellkartoffeln.

Eine andere Variante: Richten Sie den gebackenen Käse auf Toast an, und garnieren Sie mit einem leicht angemachten Feldsalat und bunten Paprikawürfelchen.

Es gibt nur einen Weg, schlank zu bleiben:
Essen soviel man will,
von allem, was man nicht mag.

Gemüse-Käseauflauf mit Kräutern

Zutaten:
4 Eigelb, 1 Pr. Salz, 30 g Mehl, 20 g Butter, 150 g Milch, 200 g feinste gekochte Gemüsewürfelchen (Karotten, Sellerie, Lauch), 4 Eiweiß (Schnee), 50 g Emmentaler, 50 g Bergkäse, 2 EL gehackte Kräuter (Petersilie, Basilikum, Estragon, Kerbel).

Zubereiten:
Eigelb mit Salz und Mehl verrühren.

Die Milch aufkochen, über die Eigelb gießen und sofort mit einem Schneebesen verrühren. Das Ganze nochmals zum Kochen bringen, bis die Masse dicklich wird.

Wenn die Masse abgekühlt ist, werden Gemüse, Käse und der Eischnee untergehoben.

Diese Masse in ausgebutterte Auflaufformen abfüllen (nur bis 2/3 hoch einfüllen), bei 200° C ca. 18-20 Minuten backen.

Dazu serviert man zerlassene Butter mit den Kräutern.

Allgäuer Käsestrudel

Zutaten für den Teig:
250 g Mehl, 1 Pr. Salz, 2 EL Öl, 1 Ei, 1 dl lauwarmes Wasser.
Daraus einen glatten, geschmeidigen Strudelteig herstellen, in einer Klarsichthülle 1 Std. ruhen lassen.

Zutaten für die Füllung:
1 Stange Lauch, 120 g Champignons, Saft von ½ Zitrone, 1 Zwiebel, 30 g Butter, 3 EL Creme fraiche, Salz, Pfeffer, 200 g gekochter Schinken (dünne Scheiben), 250 g Emmentaler (dünne Scheiben), 3 EL gehackte Petersilie, 1 TL Kümmel, 1 Eigelb, 2 EL Sahne, 1 Eiweiß.

Zubereiten:
Den Lauch putzen, waschen und in Ringe schneiden.

Champignons putzen, waschen, in Scheibchen schneiden und mit wenig Zitronensaft vermischen, damit diese nicht braun werden.

Zwiebel schälen, halbieren, in Streifen schneiden.

Butter in der Pfanne zerlaufen lassen, die Zwiebeln darin anschwitzen, Lauch und Pilze beigeben und das Ganze ca. 5 Minuten dünsten. Danach zum Abkühlen stellen.

Die Creme fraiche unter das Gemüse rühren und mit Salz, Muskat sowie Pfeffer abschmecken.

Den Teig auf einem bemehlten Tuch dünn auswellen bzw. ausziehen.

Das Eiweiß verquirlen und damit den Teig bestreichen.

$^{2}/_{3}$ des Teiges mit dünnen Schinkenscheiben belegen, danach die Käsescheiben daraufgeben. Zum Schluß die Gemüsemischung darüber verteilen und mit Petersilie bestreuen.

Den Strudel zusammenrollen und mit der „Naht“ nach unten auf ein gebuttertes Backblech legen.

Eigelb mit Sahne verrühren, den Strudel damit bestreichen, etwas Kümmel darüberstreuen.

Bei 180° C ca. 40 Minuten backen und erst nach einer kurzen Ruhezeit aufschneiden.

Dazu paßt grüner Salat und ein kühles Pils.

Käsewaffeln

Zutaten:
50 g Emmentaler, 50 g Bergkäse, 120 g weiche Butter, 4 Eigelb, 50 g Creme fraiche, 1/8 l Milch, 1 Msp. Backpulver, 200 g Mehl, Salz, Pfeffer, Muskat, Öl zum Bestreichen des Waffeleisens.

Zubereiten:
Den Käse grob raspeln.

Die weiche Butter mit dem Salz schaumig rühren, Eigelb und Sauerrahm beigeben und immer wieder fest rühren, am besten mit einem elektrischen Handrührgerät.

Unter ständigem Rühren die Milch und das Mehl (vorher das Backpulver untermischen) beigeben.

Den geriebenen Käse, Salz, Pfeffer und Muskat dazugeben.

Den Teig in einer Schüssel mit einer Klarsichthülle abdecken und ½ Stunde ruhen lassen.

Das Waffeleisen erhitzen, mit Öl einstreichen, danach einen Schöpflöffel Teig daraufgeben. Das Waffeleisen schließen und ca. 4 Min. backen, bis die Waffel beidseitig hellbraun und knusprig ist.

Diese Waffeln harmonieren sehr gut mit Weißwein oder Bier.

❁ Der Mensch ist, was er ißt. ❁

Überbackene Steinpilzflädle

Zutaten für den Flädleteig:
100 g Mehl, ¼ l Milch, 3 Eier, 1 Pr. Salz, 20 g zerlassene Butter.
Erst das Mehl mit der Milch glattrühren, danach die Eier, das Salz sowie die zerlassene Butter unterrühren. Dünne Pfannkuchen herstellen.

Zutaten für die Füllung:
500 g Steinpilze (Scheibchen), 1 Zwiebel (Würfel), Salz, Pfeffer, ¼ l Sahne, 50 g Bergkäse gerieben, 1 EL gehackte Petersilie.
Die Zwiebeln in Butter glasig schwitzen, Steinpilze beigeben, leicht rösten lassen, würzen, danach mit der Sahne auffüllen und wieder einreduzieren. Zum Schluß den geriebenen Bergkäse darunterrühren.

Zum Überbacken:
120 g Topfen, 2 Eier, 1 dl Sahne, 40 g geriebenen Emmentaler, Salz, Pfeffer, Muskat.
Den Topfen mit den anderen Zutaten glattrühren.

Fertigstellen:
Die Füllung auf die Pfannkuchen verteilen, diese aufrollen und in eine gebutterte Form geben.

Die „Eier-Topfenmasse“ über die Pfannkuchen gießen und im Ofen bei 220° C ca. 20 Minuten backen.

Ein hungriger Mensch ist kein freier Mensch.

Gefüllte Champignons mit Ziegenkäse

Zutaten:
20 große geputzte, gewaschene Champignons, 250 g Mangold (oder Spinat), 1 TL Zitronensaft, 20 g Butter, 3 EL trockener Weißwein, 1 Zwiebel (Würfel), 1 Knoblauchzehe (fein zerdrückt), 1 TL gehackter Thymian, Salz, Pfeffer, 100 g Ziegenkäse, 20 g Semmelbrösel, 30 g Bergkäse, 20 g Butterflocken.

Zubereiten:
Mangold oder Spinat putzen, waschen und grob hacken.

Die Stiele der Champignons herausdrehen und fein hakken. Die Köpfe mit Zitronensaft beträufeln und innen würzen (Salz, Pfeffer).

Die Zwiebeln und den Knoblauch in Butter anschwitzen, mit Weißwein ablöschen.

Die gehackten Pilze, den Mangold und Thymian beigeben. Das Ganze 5 Minuten dünsten lassen, mit Salz und Pfeffer abschmecken.

Den Ziegenkäse zerbröckeln und untermischen.

Diese Füllung in die Champignons verteilen.

Den geriebenen Bergkäse mit den Semmelbröseln vermischen und über die gefüllten Champignons streuen.

Auf jeden Champignonkopf eine Butterflocke geben.

Die Champignons in eine gebutterte Form geben und im Ofen bei 200° C ca. 15 Minuten backen.

Gefüllte Champignons sind als Vorspeise geeignet, dazu gibt man Stangenweißbrot.

Knuspriger Ziegenkäse

Zutaten:
400 g Ziegenschnittkäse, 1 EL Paprikapulver edelsüß, 3 EL Mehl, 2 Eier, 200 g Semmelbrösel, Öl zum Ausbacken.

Zubereiten:
Den Ziegenkäse in 1 cm dicke Scheiben schneiden.

Das Mehl mit dem Paprikapulver mischen.

Die Käsescheiben im Paprikamehl wenden, durch verquirltes Ei ziehen und mit den Semmelbröseln panieren, danach den Käse nochmals durch das Ei ziehen und mit den Bröseln ein zweites Mal panieren. Das zweifache Panieren ergibt eine bessere Kruste.

Die panierten Käsescheiben bei 180° C im Fett ausbacken. Auf einem Küchenkrepp abtropfen lassen.

Dazu paßt: Feldsalat mit gerösteten Brotwürfelchen und Speckzwiebeln oder Tomatensalat.

Käsewähe mit Zwiebelröhrle

Zutaten für den Teig:
500 g Mehl, 40 g Hefe, ¼ l Milch, 2 Eier, 100 g Butter, 1 Prise Salz.

Daraus einen einfachen Hefeteig herstellen und gehen lassen.

Zutaten für die Füllung:
4 Büschel Zwiebelröhrle (Schnattern, Zwiebellauch), 100 g feingeriebenen Bergkäse, ¼ l Süßrahm, 2 Eier, Salz, 200 g Butter.

Zubereiten:
Die Lauchzwiebeln putzen, waschen und in Ringe schneiden.

Sahne, Eier, Käse und Salz miteinander verrühren und die geschnittenen Zwiebelröhrle daruntergeben.

Aus dem Hefeteig kleine Fladen (ca. 12-15 cm Durchmesser) formen, wobei von innen nach außen gezogen wird, so daß der Rand etwas stärker ist als die Innenseite.

Das Innenteil wird mit der Zwiebelröhrlemasse gefüllt und mit Butterflocken belegt.

Bei 200° C hellbraun backen.

Die Fladen sollen heiß gegessen werden.

Der eine lacht einen guten Käse an,
der andere fällt davon in Ohnmacht.

Warme Käsebrote

Eine Scheibe Emmentaler oder Bergkäse mit Schinken, vielleicht mit Tomatenscheiben dazwischen, auf einem würzigen Brot überbacken, wem läuft da nicht bei diesem Duft das Wasser im Munde zusammen?

Solche „Käsekleinigkeiten“ sind zu jeder Tages- und Nachtzeit eine beliebte Köstlichkeit. Die Abwechslung ist auch hier ein Trumpf, denn die Variationsmöglichkeiten sind schier unendlich.

Dies beginnt schon bei der Brotauswahl:
Es muß ja nicht immer der allseits bekannte Toast sein. Vollkornbrot, Laugenstangen, Seelen, Dreikornbrot, Holzofenbrot, dunkles Bauernbrot: All diese Brotsorten sind sehr gut geeignet für warme Käsebrote.

Als zusätzlicher Belag solcher Käsebrote eignen sich: Schinken, gebratener Speck, vorgegartes Gemüse, Pilze, Obst.

Beachten Sie bitte: Käsebrote nur so lange überbacken, bis der Käse geschmolzen ist. Brauner Käse schmeckt bitter oder verbrannt.

Kommet halt noch dr Brotzeit,
no kennet ihr zum Nachteasse wieder drhoim sei.

Gebhards heiße Seele

Zutaten:
2 Seelen (vierteln), 80 g geriebener Emmentaler, 80 g geriebener Bergkäse, 4 EL Weißwein, 2 Eier, 1 TL Paprikapulver edelsüß, 8 kleine dünne Scheiben gekochten Schinken, 30 g Butter, 4 kleine Essiggurken, 2 EL Schnittlauchröllchen.

Zubereiten:
Die geviertelten Seelen mit Butter bestreichen, Schnittlauch darauf streuen und mit Schinken belegen.

Den Käse mit Weißwein, Eiern und der Hälfte des Paprikas vermischen.

Diese Käsemasse auf die vorbereiteten Seelen fingerdick verteilen. Mit Paprikapulver bestreuen und im Ofen bei 220° C hellbraun backen.

Mit kleinen Gewürzgurkenfächern garnieren.

Allgäuer Zwiebel-Käseschnitte

Zutaten:
4 Zwiebeln (Würfel), 40 g Butter, 1 Zwiebellauch (Ringe), ½ Knoblauchzehe (fein zerdrückt), 5 Scheiben Bauernbrot, 30 g Butter, 5 Scheiben Bergkäse.

Zubereiten:
Die Zwiebeln in Butter hellbraun rösten, danach den Knoblauch und die Hälfte des Zwiebellauchs beigeben und mitschwitzen lassen. Mit Salz und Pfeffer würzen.

Die Brotscheiben kurz in Butter rösten, danach die Zwiebelmasse darauf verteilen.

Die Brote mit dem Bergkäse belegen und im Backofen bei großer Oberhitze überbacken bis der Käse geschmolzen ist.

Mit den übrigen Zwiebellauchringen garnieren.

Würzbissen mit Bier

Zutaten:
100 g feingeriebenen Bergkäse, 100 g feingeriebenen Emmentaler, 1 Ei, 2 EL Bier, 1 TL Paprika edelsüß, Toastbrot.

Zubereiten:
Geriebenen Käse, Ei, Paprika und Bier zu einer dicklichen Käsemasse verrühren.

Diese Käsemasse fingerdick auf die Toastbrote verteilen und im Ofen bei 220° C hellbraun backen.

Diese warmen Käsebrote diagonal vierteln und heiß servieren.

Käse-Spiegeleier auf Bauernbrot

Zutaten:
4 Scheiben Bergkäse, 8 Scheiben Speck, 4 Eier, 4 halbe Scheiben Bauernbrot, 8 Scheiben Tomaten, 1 Msp. Paprikapulver, 1 EL Butterschmalz, 1 EL Butter, 1 EL Schnittlauchröllchen.

Zubereiten:
Brotscheiben und Speck im Butterschmalz rösten.

Den Speck und die Tomatenscheiben auf das Brot legen, mit Schnittlauch bestreuen.

Die Butter erhitzen, darin Spiegeleier braten und mit dem Käse belegen. Die Pfanne mit einem Deckel verschließen bis der Käse geschmolzen ist.

Diese „Käse-Eier“ auf die vorbereiteten Brote geben, mit Paprika bestreuen und heiß servieren.

Reden bei Vegetarierfesten sind immer kurz,
weil man Angst hat,
daß sonst das Essen verwelkt.

Süßspeisen-Nachtisch

Topfenauflauf

Zutaten:
¼ l Milch, 120 g Zucker, ½ Vanilleschote, 20 g Mondamin, 20 g Mehl, 5 Eigelb, 300 g Topfen (40 %), 3 EL Rosinen, 2 cl Rum, 5 Eiweiß, Butter und Zucker für die Form.

Zubereiten:

Die Milch mit der Hälfte des Zuckers und der Vanilleschote aufkochen.

Mondamin und das Mehl mit wenig kalter Milch glattrühren und mit einem Schneebesen in die kochende Milch einrühren.

Alles nochmals aufkochen, danach die Vanilleschote entfernen.

Die Eigelbe und den Topfen unterrühren.

Rosinen, welche vorher in Rum eingeweicht wurden, unter die Masse geben.

Eiweiß mit dem restlichen Zucker zu Schnee schlagen und mit einem Kochlöffel vorsichtig unter die Masse heben.

Die Formen sorgfältig ausbuttern und mit Zucker bestreuen.

Die Masse einfüllen und glattstreichen.

Die gefüllten Förmchen in ein Wasserbad stellen, wobei das Wasser ca. 85° C heiß sein muß. Das Wasser sollte bis zur Hälfte der Formhöhe reichen.

Im vorgeheizten Ofen bei 200° C ca. 40 Minuten garen.

Mit Puderzucker bestreuen und sofort zu Tisch bringen.

Dazu kann eine Himbeer- oder Erdbeersoße gereicht werden.

Die Förmchen können vor dem Einfüllen der Masse mit Fruchtscheibchen (Erdbeeren, Aprikosen) ausgelegt werden.

Überbackene Erdbeeren

Zutaten:

¼ l Milch, ½ Vanilleschote, 70 g Puderzucker, 1 Pr. Salz, 2 TL Mondamin, 2 Eigelb, 200 g Topfen (20 %), 2 Eiweiß, 1/8 l Sahne, 250 g Erdbeeren, 2 EL geröstete Mandelsplitter.

Zubereiten:

Die Milch mit der Hälfte des Zuckers und der Vanillestange aufkochen.

Das Mondamin mit wenig kalter Milch glattrühren und unter die kochende Milch geben, wobei mit einem Schneebesen gerührt werden muß. Nochmals kurz aufkochen und die Vanilleschote entfernen.

Die Hitze abstellen, danach die Eigelb darunterrühren. Den Topfen beimengen und mit einem Schneebesen gut rühren.

Das Eiweiß mit dem restlichen Zucker zu Schnee schlagen und vorsichtig unter die Topfenmasse heben.

Die Sahne steif schlagen und unter die Soße mengen.

Erdbeeren waschen, putzen und in Scheiben schneiden oder halbieren. Die geschnittenen Früchte auf einem tiefen Teller verteilen, mit der Topfenmasse überziehen und bei starker Oberhitze gratinieren (überbacken), bis die Oberfläche schön braun ist.

Auch andere Früchte oder Beeren lassen sich mit dieser Soße gut kombinieren und überbacken. Vanilleeis oder Walnußeis paßt sehr gut zu diesem Dessert.

Topfennudeln mit Apfelschnitz

Zutaten:
100 g weiche Butter, 50 g Zucker, 2 Eier, 40 g Hefe, 3 EL Milch, 350 g Quark, 300 g Mehl, 1 Pr. Salz, 2 EL Rosinen, Butterschmalz.

Zubereiten:
Die weiche Butter mit dem Zucker und den Eiern schaumig rühren.

Die Hefe mit 1 TL Zucker und wenig lauwarmer Milch auflösen.

Quark, Mehl, Rosinen, aufgelöste Hefe mit der schaumig gerührten Butter gut vermengen. Den Teig fest durchschlagen und zugedeckt gehen lassen.

Einen Eßlöffel in flüssiges Schmalz tauchen, ovale Nudeln abstechen und in eine gefettete Reine nebeneinander einsetzen.

Nochmals gehen lassen.

Im Backofen bei 200° C ca. 35 Minuten backen.

Mit Zucker bestreuen und mit Apfelschnitz (Apfelkompott) servieren.

Dem Gesunden schmeckt ein saurer Apfel besser
als dem Kranken ein reifer Pfirsich.

Beerensalat mit Quarksoße

Zutaten:
400 g verschiedene Beeren (Erdbeeren, Himbeeren, Johannisbeeren, Heidelbeeren, Brombeeren, Stachelbeeren), 1 dl Sauerrahm (oder Creme fraiche) 120 g Quark, 2 EL Zucker, 1 TL Vanillezucker, 2 cl Himbeergeist, 1 EL gehackte Pistazien.

Zubereiten:
Die Beeren putzen, waschen und in Portionsgläser abfüllen. Einige Beeren zum Garnieren aufheben.

Aus Quark, Sauerrahm und den restlichen Zutaten eine cremige Soße bereiten und diese über die Früchte verteilen.

Mit den übrigen Beeren und grob gehackten Pistazien garnieren.

Dazu passen Löffelbiskuits oder Waffelgebäck.

Versprochene Beeren füllen den Korb nicht.

Topfenfladen mit Waldbeersoße

Zutaten für den Teig:
200 g Mehl, ½ l Milch, 5 Eier, 1 EL Zucker, 1 TL Vanillezucker, 20 g flüssige Butter, 1 Pr. Salz, 100 g Topfen, Butter zum Ausbacken.
Zutaten für die Soße:
4 EL Preiselbeerkonfitüre, 150 g frische Waldbeeren (Heidelbeeren, Brombeeren, Walderdbeeren, Himbeeren), ⅛ l Rotwein, 1 TL Mondamin, 2 cl Himbeergeist.

Zubereiten der Soße:
Wenig Rotwein mit Mondamin glattrühren.

Den restlichen Rotwein mit den Preiselbeeren aufkochen und mit dem angerührten Mondamin binden, nochmals zum Kochen bringen, bis die Soße klar ist.

Die Früchte vorsichtig unterheben und mit dem Himbeergeist abschmecken, nicht mehr kochen lassen, evtl. etwas nachzuckern.

Die Fladen:
Mehl mit Milch glattrühren, die Eier und die restlichen Zutaten darunterrühren.

Fett in der Pfanne erhitzen, den Teig fingerdick einfüllen, kurz anbacken, danach in den Ofen schieben und bei 220° C hellbraun backen.

Den Pfannkuchen auf einem vorgewärmten Teller anrichten, mit Puderzucker bestreuen und sofort servieren.

Die Soße und evtl. geschlagene Sahne extra servieren.

Ufzogne Flädle (Topfenpalatschinken) mit Vanillesoße

Zutaten für den Teig:
100 g Mehl, ¼ l Milch, 3 Eier, 1 Pr. Salz, 1 TL Zucker, Fett zum Ausbacken.

Mehl und Milch glattrühren, Eier, Salz und Zucker darunterrühren.

Zutaten für die Füllung:
400 g Quark, 2 Eier, 50 g weiche Butter, 100 g Zucker, 2 cl Rum, 2 EL Rosinen, abgeriebene Orangen- und Zitronenschale.

Zubereitung
Die weiche Butter mit dem Zucker und den Eiern schaumig rühren, den Quark und die anderen Zutaten daruntermengen.

Die Royalmasse (Eiermilch):
1 Ei mit 1 EL Zucker und 60 ml Sahne verrühren.

Fertigstellen:
Aus dem Teig werden dünne Pfannkuchen hergestellt, diese bestreicht man mit der Topfenmasse (ca. 1 cm dick) und rollt sie zusammen. Die gefüllten Pfannkuchen in eine gebutterte Auflaufform legen.

Mit der „Royalmasse“ übergießen und bei 220° C ca. 25-30 Minuten backen.

Mit Puderzucker bestreuen und mit Vanillesoße servieren.

Quark-Polsterzipfel

Zutaten:
200 g Mehl, 1 TL Backpulver, 200 g Butter, 200 g Quark (Magerstufe), Aprikosenmarmelade zum Füllen, 1 Eigelb und 1 Eiweiß zum Bestreichen, 1 Pr. Salz.

Zubereiten:
Das Mehl mit dem Backpulver mischen, die Butter (in Flockenform), den Quark und das Salz daruntergeben. Alles zu einem glatten, geschmeidigen Teig verarbeiten.

Den Teig ausrollen, mehrfach übereinanderschlagen und zugedeckt mindestens 2 Stunden ruhen lassen (am besten über Nacht).

Den Teig dünn ausrollen, danach Vierecke ausrädeln, 1 TL Marmelade in die Mitte geben. Die Seitenränder mit verquirltem Eiweiß bestreichen.

Die Teigstücke zu Dreiecken zusammenschlagen. Die Seitenränder gut zusammendrücken.

Auf ein Backblech legen, mit Eigelb bestreichen und bei 220° C hellbraun backen.

Mit Puderzucker bestreuen und zum Kaffee servieren.

Wer in fremden Quark greift,
macht sich die Hände schmutzig.

Zwetschgenknödel

Zutaten für den Teig:
70 g Mehl, 70 g Grieß, 250 g Topfen (oder trockener Quark), 30 g flüssige Butter, 1 Ei, 10 g helle Semmelbrösel.

Zutaten für die Füllung:
8 Zwetschgen entsteint, 8 St. Würfelzucker.
Für die Butterbrösel: *50 g Semmelbrösel, 30 g Butter.*
Zum Abschmelzen: *80 g hellbraune Butter, 2 EL Zimtzuckergemisch.*

Zubereiten:
Die Zutaten für den Teig zu einem glatten Teig kneten und ½ Std. ruhen lassen.

Den Teig zu einer Rolle formen und in 8 gleich große Stücke teilen.

Diese Teigstücke zu Plätzchen formen, die Zwetschge mit dem Würfelzucker füllen und in den Teig einrollen. Das Ganze zu runden, glatten Knödeln formen.

Die Knödel ins leicht gesalzene, kochende Wasser geben und ca. 15 Minuten köcheln lassen.

Die fertigen Knödel gut abtropfen lassen, in den gerösteten Bröseln wälzen, auf Tellern anrichten, mit Zimtzucker bestreuen und mit der hellbraunen Butter abschmelzen.

❁ Was teuer ist, halten wir für Leckerbissen. ❁

Das kleine Käselatein

Affinieren
Die Käsepflege. Der Affineur ist der Käsepfleger, welcher den Käse bis zum gewünschten Reifezustand fachgerecht pflegt bzw. behandelt.

Albuminkäse
Wird auch als Eiweißkäse bezeichnet. Im Allgäu oder Kleinwalsertal ist es der Zieger (auch Ziger). Enthält viel Milcheiweiß aus der Molke, deshalb auch Molkeneiweißkäse genannt.

Alpkäse
Auch als Alpenkäse oder Almkäse bekannt. Wird auf Alpen bzw. Almen hergestellt.

Bauernkäse
Ist meist ein Rohmilchkäse und wird auf dem Bauernhof hergestellt.

Brennen
Nennt man den Vorgang bei der Emmentalerherstellung, wenn die Milch auf ca. 51° C erhitzt wird, was ungefähr eine Stunde dauert.

Blank
Ein Käse, bei dem die Oberfläche ohne Haut und ohne Rinde ist; sie weist auch keine Schimmel- oder Käseflora auf und hat keinen Öl- oder Plastiküberzug.

Bruch
Ist die dicke, geronnene Milch, bei der sich die festen Bestandteile von den flüssigen (Molke) trennen.

Bruchlochung
Siehe Lochung

Casein
Ist das wichtigste Milcheiweiß bei der Käseherstellung. Dieses Wort ist auch der Namensgeber für den Käse.

Cendré
Kommt aus dem Französischen und heißt Asche. Hauptsächlich wird Ziegenkäse mit pulverisierter Holzkohle bestäubt.

Definierte Käse
Sind Käsesorten, bei denen per Gesetz die Eigenschaften und die Zusammensetzung festgelegt werden.

Dicklegen
Durch Lab oder Säuerung die Milch zum Gerinnen bringen.

Enzyme
Sind in lebenden Zellen gebildete spezielle Eiweißstoffe. Man nennt sie Biokatalysatoren, weil sie die biochemischen Vorgänge und Umsetzungen beschleunigen.

F.i.T.
Ist die Abkürzung für Fett in der Trockenmasse. Wird vom Gesamtgewicht des Käses das Wasser abgezogen, so erhält man die Trockenmasse. F.i.T. ist der prozentuale Fettanteil in der Käsemasse ohne Wasser.

Gallerte
Ist die dickgelegte Milch, auch Koagulum genannt.

Gärlochung
Das bei der Gärung sich bildende Gas, in der Regel Kohlendioxyd, bildet im Käse die sogenannten Gärlöcher.

Gärung (Fermentation)
Ist jener Vorgang, bei dem durch Mikroorganismen der Zucker anaerob umgewandelt wird, um Energie für Wachstum zu gewinnen. Je nach Gärungsprodukten wird von Milchsäure-, Propionsäure-, Buttersäure-, Essigsäure- oder Alkoholgärung gesprochen.

Geschlossener Teig
Ist das Innere des Käses mit wenigen oder gar keinen Löchern.

Käseflora
Ist die Gesamtheit der Mikroorganismen, die im Käse oder auf dem Käse sich während der Herstellung und Reifung bilden bzw. vorhanden sind. Fachleute sprechen von einer Gelbflora oder Rotflora.

Käsereimilch
Auch Kesselmilch genannt, oft mit Milchsäurebakterien vorbehandelt, kann roh oder auch wärmebehandelt sein und ist im Fettgehalt auf 3 - 3,1 % eingestellt.

Lab
Ist ein Enzym aus dem Magen vom Kalb oder anderen Säugetieren. Das Lab wird zum Dicklegen der Milch verwendet. Es gibt auch pflanzliche Labe (Saft des Feigenbaums, Labkraut, Distelarten).

Lochung
Ist grundsätzlich die Bezeichnung für die Löcher im Käse. Der Käser unterscheidet: Rundlochung, Bruchlochung, Mischlochung, Schlitzlochung.

Milchsäurebakterien
Vergären den Milchzucker zu Milchsäuren und teilweise zu Aromen.

Molke
Der flüssige Teil der Milch, welcher sich beim Dicklegen von den festen Bestandteilen trennt. Die Schweizer bezeichnen die Molke als Sirte.

Molkenkäse
Im Allgäu ist dies der Zieger, in Deutschland auch Albuminkäse genannt. Die Norweger stellen auch so einen Käse aus eingedampfter Molke her („Mysost“).

Offener Teig
Wird das Innere des Käses bezeichnet, welches über eine reichliche Lochbildung verfügt.

Pasteurisieren
Nennt man das kurzfristige Erhitzen der Rohmilch auf 70 - 72° C.

ph-Wert
Ist ein Maßstab für die Säuerung und kann durch eine physikalische Untersuchung bestimmt werden.

Rindenschluß
Die Bruchkörner müssen sich so gut miteinander verbinden, daß die Oberfläche des Käses glatt ist und keine Einbuchtungen aufzeigt.

Rotflora (Käseflora)
Bezeichnen den Hauptteil der nicht säurebildenden Bakterienflora mit den wichtigen Linens-Bakterien an der Käseoberfläche.

Rundlochung
Siehe Lochung

Salzbad
Eine Salzlösung von 15 - 20 %, in der die Käse so lange

„baden“, bis sie den gewünschten Salzgehalt erreicht haben.

Schimmelkulturen
Ist die allgemeine Bezeichnung für ausgewählte Oberflächen- und Innenschimmel.

Schlitzlochung
Entsteht, wenn der Käse stark gepreßt wird und dadurch die Löcher ganz flach werden.

Schmiere
Siehe Käseflora

Starterkulturen
Sind Milchsäurebakterien mit günstigen Säuerungs- und Reifungseigenschaften.

Teig
Ist das Innere des Käses.

Thermisieren
Kurzes Erhitzen der Rohmilch von 63° auf 65° C.

Trockenmasse
Siehe F.i.T.

Vakuumverpackt
Käse wird in einen Plastikbeutel gegeben, danach die Luft abgesaugt und verschlossen.

Wff
Damit wird der Wassergehalt in der fettfreien Käsemasse bezeichnet. Die fettfreie Käsemasse mit Wasseranteil, jedoch ohne Fettanteil.

Zieger
Siehe unter Albuminkäse oder Molkenkäse.

INHALTSVERZEICHNIS